토론 교육의 정석

디베이트
DEBATE

케빈 리 지음

이지스에듀

토론 교육의 정석

디베이트

초판 발행 • 2023년 10월 30일

지은이 • 케빈 리(이경훈)
발행인 • 이지연
펴낸곳 • 이지스퍼블리싱(주)
출판사 등록번호 • 제313—2010—123호
주소 • 서울특별시 마포구 잔다리로 109 이지스 빌딩 5층(우편번호 04003)
대표전화 • 02—325—1722   **팩스 •** 02—326—1723
홈페이지 • www.easyspub.com   **이지스에듀 카페 •** www.easysedu.co.kr
인스타그램 • @easys_edu   **바빠 아지트 블로그 •** blog.naver.com/easyspub
페이스북 • www.facebook.com/easyspub2014   **이메일 •** service@easyspub.co.kr

본부장 • 조은미 | **기획 및 책임 편집 •** 박명희, 정지연, 박지연, 이지혜
표지 디자인 • 손한나 | **내지 디자인 및 전산 편집 •** 트인글터 | **인쇄 •** 명지북프린팅
마케팅 • 박정현, 한송이, 이나리 | **독자 지원 •** 오경신, 박애림
영업 및 문의 • 이주동, 김요한(support@easyspub.co.kr)

잘못된 책은 구입한 서점에서 바꿔 드립니다.
이 책에 실린 모든 내용, 디자인, 이미지, 편집 구성의 저작권은 이지스퍼블리싱(주)과 지은이에게 있습니다.

ISBN 979-11-6303-515-2 03370
가격 18,000원

* **이지스에듀**는 이지스퍼블리싱의 교육 브랜드입니다.
  (이지스에듀는 아이들을 탈락시키지 않고 모두 목적지까지 데려가는 책을 만듭니다!)

우리나라 디베이트의 선구자, 서재필 박사를 기리며

1884년에 갑신정변이 일어났다. 개화를 꿈꾸던 세력이 쿠데타를 감행했으나 3일 천하로 막을 내리고 관련자들은 뿔뿔이 흩어졌다. 그 핵심 인물이 바로 서재필(1864~1951)이었다. 당시 그의 나이는 스무 살. 갑신정변이 실패로 끝나자 서재필은 일본으로, 그리고 미국으로 도피한다.

서재필은 미국 샌프란시코에 도착한 이후 막일을 하며 지냈다. 다행히 은인을 만나 해리 힐만 아카데미라는 중·고등학교에 입학한다. 조선에서는 최연소로 과거에 급제한 천재가 미국에서는 22세에 중·고등학교에 들어가 3년 동안 공부했다. 그곳에서 그는 스피치 & 디베이트 활동을 했으며 스피치 대회에서 2등 상을 받기도 했다. 이후 서재필은 대학에 진학하고, 또 의과대학원을 졸업하여 우리나라 최초로 미국 의사가 된다.

그 사이 조선은 개화파가 득세하는 등 변화가 있었고 서재필 박사는 고국을 떠난 지 11년 만에 한 서린 조선으로 돌아와 민중 속에서 개혁의 힘을 찾고자 협성회를 조직했으며 독립신문을 발간하고 독립협회를 만들었다. 그야말로 조선 독립운동의 기초를 세운 것이다.

'국한문 혼용'을 주제로 국내에 디베이트 첫선을 보이다

이 과정에서 한국 디베이트는 첫선을 보인다. 바로 1896년 11월 30일 협성회 창립총회 때 우리나라 역사상 최초로 '국한문 혼용'을 주제로 디베이트가 진행된 것이다. 당시 뜻있는 사람들은 전율했으며 금세 장안의 화제가 되었다. 이 성과를 이어받아 독립협회에서는 디베이트를 34차례 진행했는데 모두 그 시대 현안을 주제로 했다. 이런 노력은 만민공동회로 이어졌다.

우리나라 디베이트 역사의 초석을 다지고, 또 개화 독립에 접목한 서재필 박사를 추모한다. 지하에서도 나라 걱정을 하고 계실 그분 앞에 다시 한번 옷깃을 여민다.

* 우리나라 최초로 디베이트가 열린 11월 30일을 기념하기 위해
한국토론대학에서는 이날을 개교 기념일로 정했다.

디베이트와 운명적인 만남,
그리고 전면 개정판에 이르기까지

교사 연수나 강의를 할 때마다 꼭 받는 질문이 하나 있다. 디베이트를 어떻게 알게 되었느냐는 것이다. 이참에 필자가 디베이트에 관심을 갖고 열정을 쏟게 된 배경을 소개한다.

디베이트는 가장 좋은 교육 방법이기 때문이다!
벌써 오래 전의 이야기다. 당시 로스앤젤레스에서 〈미주교육신문〉을 발행하면서 미국에는 어떤 특별한 교육 방법이 있는지 주의 깊게 살폈다. 여러 가지 교육 방법을 찾았는데 그중에 디베이트가 가장 눈길을 끌었다.

> "아니, 세상에나 디베이트 하나만 해도 공부 90%는 끝나는 거였네.
> 그런데 우리는 그동안 왜 안 했던 거지?"

이런 생각을 떨쳐 버릴 수가 없었다. 그런데 한인 학부모들은 미국에 살면서도 여전히 각종 주입식·암기식 교육을 자녀에게 강제했다. 자신이 배운 방식 그대로 자녀를 가르치는 것이다. 그 방법 외에는 경험해 본 적이 없으니 어찌 보면 당연하다. 그래서 필자는 새로운 교육 모델을 소개하고 싶었다. 학생들이 비판적 사고 능력을 키우고, 리더십까지 준비할 수 있는 프로그램이 바로 디베이트이기 때문이다.
나는 디베이트야말로 주입식·암기식 교육을 대체할 수 있는 가장 좋은 교육 프로그램이라고 확신하고 정열적으로 밀어붙였다. 교육 관계자를 설득하러 다니고 일년에 두어 차례 디베이트 경시대회도 개최하는 등 남부 캘리포니아 전역에 여러 센터를 두고 디베이트 활동을 펼쳤다.
당시 디베이트 대회는 미국 주류 사회의 관심을 끌었다. 캘리포니아 주지사와 캘리포니아 교육부 장관, 그리고 LA 시장이 대회에 상을 내려 주곤 했다. 이 바람에 디베이트 대회에 참가하여 좋은 성적을 거둔 학생들은 대학 입학에 유리하게 작용했으므로 크게 기뻐하던 모습이 지금도 떠오른다.

우리나라에서도 디베이트를 해야 할 텐데…

그러면서 틈틈이 '우리나라에서도 디베이트를 해야 할 텐데…'라는 안타까운 마음에 외국인 디베이트 코치를 국내에 파견한 적도 있었다. 결국 2010년 말 필자는 귀국길에 올랐다. 오로지 한 목표, 곧 '우리나라에 디베이트를 뿌리내리겠다'는 생각뿐이었다. 그 뒤로 지금까지 이 한 목표에만 몰두하면서 살고 있다.

다행히 우리나라에서도 디베이트 프로그램이 기반을 확실히 잡아 가고 있다. 매주 디베이트 활동에 참가하는 학생도 많고 디베이트 대회, 디베이트 캠프도 여기저기 자주 열리고 있다. 디베이트 활동을 심화한 인문학 디베이트도 인기가 있다.

전면 개정판을 내면서

그동안 과분한 사랑을 받았다. 이 책은 토론 분야에서는 베스트셀러 1위를 달성하기도 했다. 독자 여러분께 감사드린다. 그동안 개정판을 내달라는 요청을 많이 받았는데 바쁘다는 핑계로 이리저리 미뤘다. 죄송스러울 따름이다. 이번 개정판의 특징 네 가지를 소개한다.

첫째, 실제로 진행되는 강좌 코스인 '한국디베이트코치 3급 자격증 과정'과 동일하게 구성했다.

둘째, 2018년부터 적용된 퍼블릭 포럼 디베이트 형식의 개정 내용을 반영했다. 요약 시간과 준비 시간이 2분에서 3분으로 늘어났기 때문이다.

셋째, 그동안 우리나라에서 비약적으로 발전한 인문학 디베이트의 기본 내용을 다루었다.

넷째, 시대의 흐름에 맞는 사례를 엄선해 교체했다.

또다시 우리나라 교육계에서는 IB 도입, 고교학점제 등으로 들썩들썩한다. 역시 이 변화의 핵심에도 토론이 있다. 디베이트는 토론의 최강자이다. 디베이트는 여전히 현재 진행형이다.

디베이트를 처음 접하는 분들께 이 책이 도움이 되기를 바란다. 이 작은 관심이 한 사람의 인생에서 큰 성과로 이어질 것임을 확신한다.

케빈 리 씀

찬반과 규칙이 있는 디베이트, 글로벌 시대의 리더가 되는 지름길입니다!

'토론 중심' 학교를 만들어 가는 데 크게 도움받은 책입니다!

5년 전부터 케빈 리 교수와 함께 '토론 중심' 학교를 만들어 가고 있습니다. 그동안 교내에서 각종 디베이트 행사를 진행해 왔는데, 인근 초등학생들을 초청하여 캠프를 열고 우리 학교 주니어 코치들이 지원봉사 활동을 했습니다.

참여한 학생들에게는 성장하는 기회가 되었고, 학교는 토론 문화를 공유하는 '학교의 사회화 운동'을 실천한 것이지요. 디베이트를 하면서 생각이 커지는 학생들의 모습을 지켜보는 것, 참 기분 좋은 일입니다.

• 강정석_마산무학여자중학교 교장

'한국형 디베이트 교과서'로 이 책을 자신 있게 권합니다!

국내 토론 문화를 체계적으로 일궈 온 케빈 리 교수가 첫 번째 책을 낸 지 벌써 십여 년이 지나면서 이제는 완연한 '한국형 디베이트 교과서'로 자리 잡은 듯합니다. 합리적인 대화 기술과 문제해결 방안을 배우고 싶은 사람이라면 꼭 필요한 토론 교육, 이 책과 함께 시작할 것을 자신 있게 권합니다.

• 김남국_고려대 정치외교학과 교수, 전 한국정치학회 회장

상대를 존중하고 규칙을 지키는 토론 능력을 배울 수 있는 책입니다!

한국토론대학의 토론 전문가 과정을 수강했는데, 여기에서 배운 토론과 질의응답하는 능력은 국회의원으로서 역할을 수행하는 데 중요한 역할을 했습니다. 이 책은 상대를 존중하고 규칙을 지키는 방식을 중요하게 여기는 디베이트를 통해 토론을 제대로 배울 수 있는 출발점입니다. 우리나라 교육 현장 상황을 잘 반영한 토론 교육서로서 안성맞춤입니다. 정치 지망생이라면 더더욱 이 책을 추천합니다.

• 민병덕_국회의원, 한국디베이트코치 1급 자격증

디베이트가 인생에 어떤 변화를 줄 수 있을지 궁금한 분에게 이 책을 권합니다!

디베이트를 통해 성장한 비판적 사고는 공부하는 데 큰 도움이 되었습니다. 아는 것과 모르는 것을 객관적으로 파악할 수 있었고, 공부의 맥락과 흐름을 살펴서 결핍된 부분을 찾을 수 있었습니다. 또한 자신을 비판적으로 바라보고 점검할 수 있었기에 학교생활을 좀 더 의미 있게 보낼 수 있었습니다. 디베이트가 인생에 어떤 변화를 줄 수 있을지 궁금한 분들께 이 책을 권합니다.

• 이호진_서울대학교 공과대학 건설환경공학부 1학년

"비판적 읽기·듣기, 말하기, 글쓰기의 기초가 잡힙니다!"

디베이트는 단순 학습법이 아닌, 사람의 그릇을 키우는 진짜 교육!

십수 년 전 교사 연수에서 디베이트를 처음 접했을 때 밭에 숨겨진 보화를 발견한 기분이었습니다. 이렇게 훌륭한 교육 방법이 있다니요! 제 아이와 학교 아이들에게 적용해 보니 '디베이트는 교육에 관한 종합 예술이다.'라는 케빈 리 교수님의 말씀에 전적으로 동의할 수 있게 되었습니다. 디베이트를 꾸준히 하며 자란 아이들이 단순한 '똑똑함'을 넘어 지혜로운 사람, 시민 의식을 갖춘 리더로 자라는 모습을 옆에서 지켜봤기 때문입니다. 이 책 하나만 있으면 디베이트를 가장 빨리, 가장 쉽게 배울 수 있습니다.
・ 박은하_아미초등학교 교사

디베이트에서 배운 '타당하게 생각하기'가 저의 유일한 무기였습니다!

대학원에 진학한 후 가장 어려웠던 점은 수많은 현인의 생각에 반론을 제기하고 질문을 만들어 가는 과정이었습니다. 당연하게 받아들였던 모든 것을 의심해야 하는 상황이 때로는 자기 모순으로 느껴지기도 했습니다. 그러한 상황에서 저의 유일한 무기는 디베이트에서 배운 '타당하게 생각하기'였습니다. 주장과 말이 난무하고 자신의 것과 타인의 것이 혼재하는 시대에 디베이트는 생각의 길을 열어 주는 마중물과도 같습니다.
- 배지은_고려대학교 대학원 철학과, 한국디베이트코치 1급 자격증

법조인을 지망한다면 꼭 읽어야 할 책입니다!

변호사 생활을 하면서 늘 절감하는 것은 논리적 사고입니다. 변호사가 하는 모든 주장은 적절한 근거로 뒷받침해야 하기 때문입니다. 논리적 사고를 기르는 가장 좋은 방법은 토론 교육, 그중에서도 디베이트라고 생각합니다. 법조인을 지망한다면 꼭 읽어야 할 책입니다.
・ 서누리_변호사

대학 입학, 대기업 취업까지 저의 든든한 무기가 되어 주었습니다!

2012년 케빈 리 교수님을 토론 대회장에서 처음 만나 뵈었죠. 고등학교 때 때 처음 접했던 토론은 대학 입학과 대기업 취업까지 제 든든한 무기가 되어 주었습니다. 이 책을 읽는 여러분도 토론을 통해 많은 것을 얻어 갈 수 있었으면 합니다.
・ 유재현_기아 노사기획팀

1장 디베이트는 왜 해야 할까?

2장 퍼블릭 포럼 디베이트의 형식 이해하기

퍼블릭
포럼
디베이트

3장   수준 높은 디베이트를 하려면

특별부록

1장

디베이트는 왜 해야 할까?

디베이트(debate)란 무엇일까?

디베이트는 찬성과 반대로 나눌 수 있는 주제를 선정해서 발언 순서와 시간을 미리 정해 놓고 하는 토론 방법이다. 얼핏 간단해 보이는 디베이트가 교육 현장에서는 왜 '공부의 마법사', '학습의 오케스트라'라고 할까? 그만큼 드라마틱한 결과를 가져오기 때문이다.

이 장을 읽으면 토론해야 하는 이유는 무엇인지, 디베이트는 왜 해야 하는지를 잘 알 수 있다.

01-1

우리나라의 토론 교육,
그리고 디베이트

글로벌 시대에 필요한 인재상을 길러요!

과거 우리나라 교육의 인재상을 한마디로 말한다면 '주입식·암기식 교육을 잘 받아 성공한 사람'이라고 할 수 있다. 다행히 전에는 이런 인재도 충분히 살아남았다. 상사도, 부하 직원도 모두 같은 문화 속에서 별 어려움 없이 지낼 수 있었다. 오히려 자기 의견을 소신껏 내세우는 사람은 조직에서 튀어 보였을 정도였다.

지금도 이런 인재들이 우리 사회 여기저기서 중요한 역할을 하는데, 다음 5가지 특징을 발견할 수 있다. 토론으로 훈련받은 인재의 모습과 비교해 보자.

표 1-1 주입식·암기식으로 교육받은 인재 vs. 토론으로 훈련받은 인재 비교

주입식·암기식으로 교육받은 인재	• 수업 시간이나 회의 시간에 의견을 내지 않고 말이 없다. • 다른 사람의 이야기에서 핵심을 알아듣지 못하고 자의적으로 해석한다. 사실 듣는 노력도 하지 않는 사람이 많다. • 시키는 일만 하고 창의력을 발휘하지 못한다. • 이해력과 설득력이 부족하고 작은 의견 차이에 분노한다. • 생각이 서로 다를 수 있다는 것을 인정하지 못한다.
토론으로 훈련받은 인재	• 자신의 의견을 분명하게 정리해 낸다. • 경청하는 훈련을 통해 다른 사람의 이야기에서 핵심을 재빨리 파악한다. • 의견 차이가 나도 분노하지 않고, 오히려 그 접점을 찾으려고 노력한다. • 창의적이고 정확한 문제 분석으로 해결 방법을 찾아내는 능력이 탁월하다. • 잘 협력(co-working)한다.

역시 글로벌 시대의 인재는 토론 전문가라는 것을 실감할 수 있다. 이제는 세상이 달라졌다. 이른바 디지털 혁명의 시대이다. 시키는 일은 기계도 잘한다. 더구나 요즘은 챗GPT가 내용 요약까지 해 주는 시대이다. 그동안 해 왔던 교육 방법만으로는 살아남을 수가 없다. 챗GPT의 등장으로 전면화된 인공지능 시대에 인간의 암기력은 초라해 보인다. 모든 질문에 준전문가 수준으로 답변을 내놓는 인공지능이 등장한 마당에 주입식·암기식 공부가 무슨 효과가 있을까?

이미 여기저기서 한계를 보이고 있다. 이제는 바꿔야 한다. 교육 철학과 관련된 고상한 문제 제기를 하는 게 아니다. 우리가 살아남기 위해서라도 바꿔야 한다. 해결책은 토론 교육이다.

우리나라 교육의 변화와 디베이트

다행히 우리나라 교육계 리더들은 이 사실을 잘 알고 있는 것 같다. 이미 초·중·고등학교 교과서에는 토론이 필수로 강조되고 있다. 국가교육과정정보센터의 2022 개정 교육과정에서 토론과 직접 관련된 초등 5~6학년과 중학교의 국어과 성취기준을 살펴보면 잘 알 수 있다. 고등학교 국어과는 선택 중심 교육과정 가운데 일반 선택 과목(화법과 언어, 독서와 작문)과 융합 선택 과목(독서 토론과 글쓰기)의 성취기준을 소개한다.

그림 1-1 우리나라 교육과정을 소개하는 국가교육과정정보센터

출처: 국가교육과정정보센터 홈페이지(ncic.re.kr)

표 1-2 토론과 관련 있는 국어과 성취기준 — 초등 5~6학년과 중학교

영역	초등 5~6학년	중학교
듣기 · 말하기	① 주장을 파악하고 이유나 근거가 타당한지 평가하며 듣는다. ② 주제와 관련하여 궁금한 내용을 질문하며 적극적으로 듣고 말한다. ③ 자료를 선별하여 핵심 정보를 중심으로 내용을 구성하고 매체를 활용하여 발표한다. ④ 토의에 협력적으로 참여하며 서로의 의견을 비교하고 조정한다. ⑤ 절차와 규칙을 지키고 타당한 이유와 근거를 제시하며 토론한다.	① 설득 전략을 비판적으로 분석하며 듣는다. ② 다양한 자료를 재구성하여 내용을 체계적으로 조직하고 청중이 이해하기 쉽게 발표한다. ③ 토의에서 다양한 의견을 교환하여 대안을 마련하고 문제를 해결한다. ④ 토론에서 반론을 고려하여 타당한 논증을 구성하고 논리적으로 반박한다.
읽기	① 글의 구조를 고려하며 주제나 주장을 파악하고 글 내용을 요약한다. ② 글이나 자료를 읽고 내용의 타당성과 표현의 적절성을 평가한다.	① 글에 사용된 다양한 설명 방법과 논증 방법을 파악하고, 그 타당성을 평가하며 읽는다. ② 동일한 화제를 다룬 여러 글이나 자료를 주제 통합적으로 읽는다.
쓰기	① 체험한 일에 대한 감상을 나타내는 글을 쓴다.	① 주장을 뒷받침할 수 있는 타당한 근거를 들고 적절한 표현을 사용하여 주장하는 글을 쓴다. ② 의견 차이가 있는 사안에 대해 자료를 수집하고 사회·문화적 맥락을 고려하며 주장하는 글을 쓴다.
매체	① 정보 검색 도구를 활용하여 자신의 목적에 맞는 매체 자료를 찾는다. ② 뉴스 및 각종 정보 매체 자료의 신뢰성을 평가한다.	

출처: 국가교육과정정보센터, 2022 개정 교육과정

또한 교육부는 2023년 연두 업무 보고 — 4대 개혁 분야 가운데 〈학생 맞춤 교육 개혁의 학교 교육력 제고〉에서 '프로젝트 토론형 수업'이 실현될 수 있도록 '교실 수업 혁신 방안'을 마련해 추진할 것이라고 밝혔다.

표 1-3 토론과 관련 있는 국어과 성취기준 — 고등학교(선택 중심 교육과정)

영역	교과(목)	고등학교
일반 선택 과목	화법과 언어	① 표준 발음을 이해하고 정확하게 발음하는 국어 생활을 한다. ② 토의에서 주제와 관련된 다양한 자료를 통해 공동체의 문제를 분석하고 합리적으로 해결한다. ③ 주장, 이유, 근거를 비판적으로 검토하여 논증의 타당성, 신뢰성, 공정성에 대해 반대 신문하며 토론한다.
	독서와 작문	① 글이나 자료에서 타당한 근거를 수집하고 효과적인 설득 전략을 활용하여 논증하는 글을 쓴다.
융합 선택 과목	독서 토론과 글쓰기	① 개인이나 공동체의 관심사를 고려하여 읽을 책을 선정한 후 질문을 생성하고 주체적으로 해석하며 책을 읽는다. ② 대화, 토의, 토론 등 적절한 방법을 활용하여, 서로 다른 생각과 관점을 존중하며 독서 토론을 한다. ③ 독서 토론의 내용을 바탕으로 쓰기 목적, 독자, 매체를 고려하여 글을 쓰고 공유한다. ④ 인간의 삶에 대한 다양한 시각과 해석이 담긴 책을 읽고 독서 토론하고 글을 쓰며 자아를 탐색하고 타자와 세계를 이해한다. ⑤ 다양한 분야의 정보가 담긴 책을 읽고 독서 토론하고 글을 쓰며 학습이나 삶에 필요한 지식을 확장하고 교양을 함양한다. ⑥ 사회적인 현안이나 쟁점이 담긴 책을 읽고 독서 토론하고 글을 쓰며 공동체 문제를 해결하고 사회적 담론에 참여한다. ⑦ 독서 토론과 글쓰기의 특성을 이해하고 독서, 독서 토론, 글쓰기에 능동적으로 참여한다.

출처: 국가교육과정정보센터, 2022 개정 교육과정

최근 교육부는 토론을 강조하는 국제 바칼로레아(International Bacca-laureat, IB) 프로그램 도입을 검토하고, 서울형 고교학점제인 공유 캠퍼스를 시범적으로 실시하고 있는데 2025년에는 전국으로 확대 시행할 예정이라고 한다. 우리나라 교육은 이미 토론 교육으로 방향을 틀고 있다.

▶ 국제 바칼로레아(www.ibo.org)는 장기간에 걸쳐 진행하는 국제 학력 프로그램이다. 프랑스 등 몇몇 국가에서는 대학 입학 자격시험, 미국에서는 고교(칼리지) 졸업 예비 시험이기도 하다. 자세한 내용은 01-5절 60~61쪽을 참고하기 바란다.

하지만 실제 학교 현장은 변화가 미진하고 이전과 비슷해 보일 때가 많다. 그 이유가 뭘까? 교육 현장에서 만난 한 교사는 볼멘소리를 했다.

> "아니, 저조차도 토론으로 공부를 해 본 적이 없는데 어떻
> 게 토론을 가르치라는 말입니까?"

이 말에 우리나라 교육계에서 토론 학습이 잘 이루어지지 않는 근본 원인이 함축되어 있다. 토론 학습의 방향만 제시했을 뿐 구체적인 해법은 보이지 않기 때문이다. 그동안 우리나라 학교 등에서 디베이트가 환영받은 배경에는 이러한 사정이 있었다.

디베이트는 토론의 형식이 정해져 있고 그 과정에서 학생들에게 다양한 지적 자극을 주어 교육 효과가 가장 높게 나타나기 때문이다. 단언컨대 디베이트는 대한민국 교육을 살리는 데 크게 기여할 것이다. 이미 한국디베이트코치 3급 연수 과정을 거친 교사, 교육자, 학부모가 1만여 명이 넘는다. 아직 늦지 않았다. 먼저 결심하는 사람이 이익이다.

이제 그 이야기를 시작한다. 토론 교육의 목표를 가장 잘 구현할 수 있는 디베이트를 경험해 보자.

01-2

디베이트는
형식이 있는 토론이다!

디베이트는 토론의 일종이다. 그런데 우리나라에서 '토론'은 광범위한 의미로 혼용하고 있다. 맞장 토론, 끝장 토론, 독서 토론, 자유 토론, 찬반 토론을 예로 들 수 있다. 어떤 교수님은 토론의 종류를 56가지로 나눠서 설명한 책을 내기도 했다. 그래서 디베이트를 토론이라고 번역하면 그 의미가 정확히 전달되지 않으므로 이 책에서는 '디베이트'를 사용하려고 한다.

디베이트란 무엇일까? — 디베이트의 정의

자, 이번엔 debate를 영영 사전에서 찾아서 분석해 보자.

▶ 디베이트(debate)와 디스커션(discussion) 모두 '토론'으로 번역하지만, 디스커션은 디베이트와 달리 형식에 제약이 없으므로 토론 결과가 다양하게 나온다.

"a formal discussion, often in front of an audience,
　　　❶　　　　　　　　　　　　　❷

in which two or more people put forward opposing views
　　　　　❸　　　　　　　　　　　　❹

on a particular subject"
　　　❺

이 정의를 분석하면 디베이트는 ❶ 특별한 주제를 정해 놓고 ❷ 청중 앞에서 ❸ 두 사람 이상이 ❹ 서로 반대되는 입장을 개진하는 ❺ 형식이 분명한 토론이다.

그런데 디베이트가 교육 프로그램의 형태를 갖추면 두 가지 의미가 추가된다. 첫째 1회성 행사가 아니라 일정한 주기로 계속되고, 둘째 토론의 승부보다 자료를 조사(리서치)하는 준비 과정과 실제 디베이트 하면서 배우는 교육 효과를 중시한다는 점이다. 이 내용을 염두에 두고 '디베이트'를 다시 정의해 보자.

디베이트의 정의

디베이트란 ① 수준이 비슷한 학생들이 ② 정기적으로 모여 ③ 제시된 주제와 관련해 자료 조사(리서치)를 마친 뒤 ④ 서로 반대되는 입장에서 ⑤ 형식이 분명한 토론을 하는 과정에서 ⑥ 주제에 관한 깊이 있고 논리적인 인식을 추구하고 ⑦ 그와 더불어 팀워크와 리더십을 함양하며 ⑧ 자신의 의견을 효과적으로 전달하는 말하기(스피치) 훈련을 하는 종합 교육 프로그램이다.

디베이트가 아직 어렵게 느껴진다면 우선 디베이트는 찬반으로 편을 나누어 하는 토론이고, 이를 교육 프로그램으로 만든 것이 디베이트 프로그램이라고 간단히 이해하고 넘어가자.

디베이트와 토론은 어떻게 다를까? — 디베이트의 특징

디베이트는 형식에서 제약이 큰 것이 특징이다. '형식에서 제약이 크다'는 것은 무슨 뜻일까? 구체적으로 두 가지 의미가 있다. 하나는 찬반 주제로 토론한다는 것, 또 하나는 발언 순서와 시간을 미리 정해 놓고 토론한다는 것이다. 하나하나 자세히 살펴보자.

첫째, 디베이트는 찬성과 반대가 확실한 주제를 선택해서 토론한다. 어떤 주제는 찬성과 반대를 요구하지 않는다. 예를 들어 "우리나라 역사에서 존경하는 인물은?"을 주제로 토론한다고 하자. 그럼 세종 대왕, 이순신 장군 등 다양한 견해가 나올 수 있다. .

그림 1-2 알맞지 않은 디베이트 주제

또한 "오늘 점심은 뭘 먹을까?"를 놓고 토론한다면 어떤 사람은 냉면을, 어떤 사람은 짜장면을, 어떤 사람은 갈비탕이 먹고 싶다고 할 것이다

이렇게 개인의 다양한 취향이나 견해가 답변으로 나온다면 디베이트 주제가 될 수 없다. '초등학교 청소는 용역 업체에 맡겨야 한다.', '학생이 담임 선생님을 선택할 수 있어야 한다.'처럼 찬성과 반대가 명료해야 디베이트 주제가 될 수 있다.

▶ 디베이트 주제는 학년별로 수준을 다르게 제시하는 게 좋다. 한 가지 주의할 것은, 정치나 종교, 성처럼 논란이 많은 주제는 디베이트 주제에서 제외하는 게 바람직하다.

그림 1-3 디베이트 주제 찾기

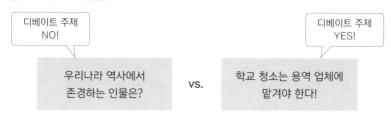

찬반을 요구하는 주제가 적을까 봐 걱정하지 않아도 된다. 학생들의 관심을 끌 수 있는 교육 문제만 하더라도 다양하다. 역사, 사회, 철학, 과학, 문학 등도 마찬가지다. 디베이트 주제는 차고 넘친다. 학과목을 6개 분야로 나누어 디베이트 주제 예시를 살펴보자.

표 1-4 6개 학과목별 디베이트 주제 예시

학과목	디베이트 주제	
교육	• 체벌은 허용해야 한다.	• 영재 교육은 실시해야 한다.
	• 학생은 교복을 입어야 한다.	• 취학 연령을 더 낮춰야 한다.
	• 학교는 남녀 공학으로 운영해야 한다.	• 한자 교육을 확대해야 한다.
	• 사립 학교는 공립 학교로 전환해야 한다.	
역사	• 이성계의 위화도 회군은 정당하다.	
	• 나당 연합을 통한 삼국 통일은 정당하다.	
	• 동학농민혁명은 대한민국 헌법 전문에 수록해야 한다.	
사회	• 우리나라는 기본 소득제를 실시해야 한다.	
	• 우리나라는 탄소세를 도입해야 한다.	
철학	• 죽음은 없다.	
	• 장유유서는 오늘날에도 지켜야 할 덕목이다.	
과학	• 유전자 조작 식품의 개발은 정당하다.	
	• 인공지능은 인간을 행복하게 할 것이다.	
문학	• 공양미 삼백 석에 몸을 판 심청의 판단은 정당하다.	
	• 헥토르는 아킬레우스와의 싸움을 피해야 했다.	

둘째, 디베이트는 발언 시간, 발언 순서를 미리 정해 놓고 토론한다.

찬성 쪽에서 4분 동안 이야기하면 반대 쪽에도 4분이 주어진다. 이 시간을 어기면 감점이다. 그래서 디베이트 대회에서는 심판 옆에 타이머가 초시계를 들고 참석한다.

발언 순서도 마찬가지다. 동전 던지기에서 발언 순서를 정한 뒤 [먼저 발언 팀]에서 입안 발언을 하고 나면 이어서 [나중 발언 팀] 차례가 되는 방식이다.

23

미팅이나 토론에서 사회자는 절대적으로 중요하다. 중구난방으로 터져 나오는 이야기를 잘 정리하고 목적에 다가갈 수 있도록 잘 유도해야 하기 때문이다. 유능한 사회자를 만나면 토론이 생산적이고 짧게 끝난다. 반대로 그렇지 못한 사회자를 만나면 토론이 비생산적이고 한도 끝도 없이 길어진다.

이와 달리 디베이트는 시간과 순서가 이미 정해져 있어서 참가자가 알아서 진행하므로 사회자가 없다. 디베이트를 시작할 때 심판은 단지 이렇게 말하면 된다.

> "여러분, 모두 준비되었나요? 이제 디베이트 시작합니다. 그럼 시~작!"

이 말이 끝나면 디베이트 대회에 참가한 토론자들은 순서대로 알아서 나왔다 들어갔다 하면서 진행한다. 사회자가 필요 없는 이유이다.

▶ 디베이트 대회에서 승패 판정은 심판이 결정한다. 심판은 대회에 따라 '심사위원' 등 다르게 표현할 수도 있다.

그렇다면 디베이트에서 찬성과 반대로 편을 나누고, 또 발언 순서와 발언 시간을 미리 정해 놓고 토론하는 이유는 무엇일까? 참가한 두 팀이 주제에 대한 입장에서 어떤 차이가 있는지 쉽게 비교하고 공정하게 진행할 수 있기 때문이다.

축구를 예로 들어 보자. 축구 경기장이 넓다고 해서 세 팀, 네 팀, 다섯 팀이 한꺼번에 경기를 한다면 난장판이 되고 팀별 기량을 비교할 수도 없을 것이다. 그래서 축구뿐 아니라 농구, 핸드볼, 야구 등 모든 운동 경기는 두 팀이 경쟁한다.

디베이트도 마찬가지다. 서로 같은 조건에서 두 팀이 공정하게 토론하면 기량을 비교하기 쉽다. 이제 디베이트와 일반 토론이 어떻게 다른지 확실하게 구분할 수 있을 것이다.

디베이트는 어떻게 하는 걸까? ― 디베이트의 형식

디베이트는 진행 순서와 특징에 따라 크게 5가지 형식으로 나뉜다. 영국 하원의 활동을 모델로 해서 만든 가장 오래된 의회식 디베이트, 미국 정부의 정책을 주제로 다루는 폴리시 디베이트, 가치 주제를 다루는 링컨-더글러스 디베이트, 유럽에서 주로 쓰는 칼 포퍼 디베이트, 마지막으로 일반인을 염두에 둔 퍼블 ▶ 디베이트의 5가지 형식을 자세히 알고 싶다면 02-1절을 참고하기 바란다. 릭 포럼 디베이트이다.

이 책에서는 퍼블릭 포럼 디베이트(public forum debate)를 통해 디베이트의 형식을 간단히 배운다. 퍼블릭 포럼 디베이트는 초·중·고등학교 학생들에게 적합해 우리나라에서도 널리 확산되어 있다. 그림 1-4는 퍼블릭 포럼 디베이트의 기본 자리 배치도로, 동전 던지기로 주제에 반대하는 팀이 먼저 발언하는 쪽을 선택한 경우를 예로 든 것이다.

▶ 퍼블릭 포럼 디베이트는 2002년 미국에서 가장 유명한 디베이트 조직인 NFL(National Forensic League)이 만들고 2018년 개정했다. NFL은 2014년 NSDA(National Speech & Debabe Association)로 바뀌었다.

그림 1-4 퍼블릭 포럼 디베이트의 기본 자리 배치도

디베이트에서는 우선 찬성과 반대, 먼저 발언과 나중 발언으로 편을
나눈 뒤 첫 번째 토론자가 나와 자기 팀의 입장을 각각 4분씩 설명하
는 입안 발언을 한다. 그런 다음 3분간 서로 교차 질의를 한다.

이어서 두 번째 토론자가 나와 상대 팀의 입안을 반박한 뒤 다시 3분
간 서로 교차 질의를 한다. 이번에는 첫 번째 토론자가 나와 그동안
진행된 디베이트를 3분간 요약, 정리한다. 그리고 토론자 4명이 모두
참여하는 전원 교차 질의가 3분간 이어진다.

마지막으로 두 번째 토론자가 나와 마지막 초점으로 자기 팀에서 가
장 강조하는 논거를 2분간 호소력 있게 주장한다.

▶ 2018년 NSDA는 퍼블릭 포럼 디베이트 시간을 조금 바꿨다. 여기에서는 2018년 개정안을 기
준으로 설명한다.

준비 시간은 디베이트의 단계가 끝날 때마다 다음 순서가 시작되기 전에 언제든지 사용할 수 있는 작전 타임을 가리킨다. 흔히 30초, 1분 단위로 나눠서 쓰는데 팀당 총 3분이다.

지금까지 설명한 퍼블릭 포럼 디베이트의 전체 흐름을 정리해 보자.

그림 1-5 퍼블릭 포럼 디베이트의 전체 흐름

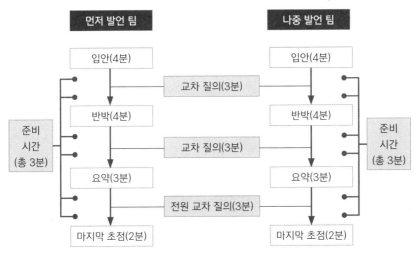

▶ 퍼블릭 포럼 디베이트 7단계 각각의 내용은 02장에서 자세히 설명한다.

이렇게 질서 있게 이야기를 주고받는 훈련은 교육에 아주 중요하다. 어떤 사람은 여러 사람이 모인 자리에서 자기만 이야기를 독점하려고 한다. 또, 어떤 사람은 남의 이야기를 주의 깊게 들어야 할 시간에 머릿속으로 자기 생각만 하다가 엉뚱한 소리를 한다. 생각이 다르면 금방 이야기가 과열되고 고성으로 번진다. 이런 일이 발생하는 것은 디베이트 교육을 받지 않았기 때문이다.

그림 1-6 잘못된 토론 모습

디베이트 교육을 제대로 받은 사람은 자기가 말한 만큼 상대방에게도 말할 기회를 준다. 상대방이 말할 때는 경청하면서 핵심을 파악하려고 애를 쓴다. 그래야 다음 자기 차례가 오면 반박할 수 있기 때문이다. 흥분해서 떠들어 봐야 디베이트에서는 점수만 깎인다. 차분하게, 조리 있게, 정해진 시간에 맞춰 말하는 훈련을 해야 한다. 디베이트를 하면 결과적으로 대화할 때 상대방을 존중하고 자신의 생각을 조리 있게 말할 수 있다.

영상으로 디베이트 먼저 살펴보기

디베이트를 소개할 때 영상으로 실제 진행 모습을 보여 주면 말로 설명하는 것보다 훨씬 쉽게 이해할 수 있다. 학생뿐 아니라 교사, 학부모도 마찬가지이다.

유튜브에서 〈케빈 리의 디베이트 스쿨〉에 접속하면 한국토론대학에서 운영하는 청소년 디베이트 캠프, 디베이트 축제, 디베이트 대회 등 다양한 동영상을 시청할 수 있다.

그림 1-7 〈케빈 리의 디베이트 스쿨〉에서 제공하는 동영상

출처: www.youtube.com/@user-ql9vn5sz2q/featured

가벼운 마음으로 디베이트와 관련된 영화 〈위대한 디베이터들〉, 〈로켓 사이언스〉, 〈리슨 투 미〉, 〈12인의 성난 사람들〉을 보는 것도 추천한다.

그림 1-8 디베이트와 관련된 영화

〈위대한 디베이터들〉　　　　　〈로켓 사이언스〉

01-3

디베이트는 학습의 오케스트라, 공부의 마법사다!

흔히 '모든 교육의 근간은 언어 교육'이라고 말한다. 모든 공부의 출발은 제대로 된 언어 교육에서 시작한다는 뜻이다. 언어 교육은 읽고, 쓰고, 듣고, 말하는 영역으로 나뉘는데 이 4대 언어 영역을 디베이트 프로그램이 모두 해결한다는 강점이 있다. 그것도 그냥 읽기, 듣기가 아니라 비판적 읽기, 비판적 듣기이다. 이런 이유에서 디베이트는 '학습의 오케스트라' 또는 '공부의 마법사'라고 한다.

여기에 리서치 훈련까지 할 수 있으니 프로그램 하나로 5가지 교육 효과를 낼 수 있고 게다가 재미까지 있다.

▶ 디베이트의 교육 효과는 10가지로 정리할 수 있는데, 이 절에서 다루지 않은 나머지 5가지 교육 효과는 01-4절에서 소개한다.

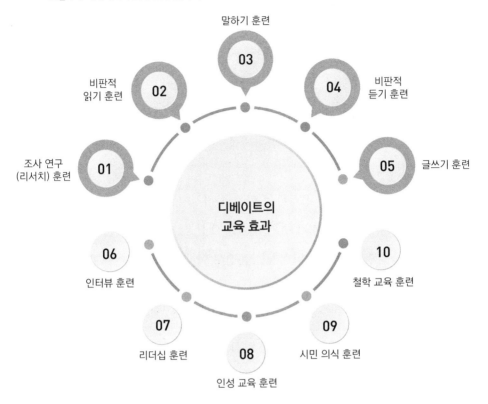

그림 1-9 디베이트의 교육 효과 10가지

디베이트 프로그램은 공부에 관한 한 종합 예술이다. 디베이트를 하면 조사 연구(리서치) 훈련, 비판적 읽기 훈련, 말하기 훈련, 비판적 듣기 등 음악으로 치면 오케스트라와 마찬가지다. 공부에 필요한 요소가 모두 들어 있으니 같은 시간을 투자해도 디베이트는 훨씬 다양한 교육 효과를 볼 수 있다. 우선 디베이트의 교육 효과 5가지를 하나하나 짚어 보자.

교육 효과 1 — 조사 연구(리서치) 훈련

디베이트를 하면 조사 연구(research, 이하 '리서치') 훈련이 된다. 디베이트 주제가 정해지면 학생들은 관련 자료를 찾아야 한다. 리서치 활동을 해야 하는 것이다. 예를 들어 '학생은 교복을 입어야 한다.'를 주제로 디베이트를 한다고 하자. 그러면 참가자들은 교복을 제정한 배경, 당시의 논란, 이후 발생한 교복의 부정적·긍적적인 측면과 관련 자료를 찾아야 한다.

물론 디베이트를 처음 경험하는 학생은 리서치를 어려워한다. 그래서 처음에는 디베이트 코치가 관련 자료를 대신 찾아 주기도 한다. 하지만 디베이트 경험이 쌓이면 리서치는 온전히 학생들의 몫이 된다. 학생 스스로 관련 쟁점을 생각해 내고 쟁점별로 관련 자료를 리서치한다.

디베이트 대회에 나가면 사정은 완전히 달라진다. 어린 학생들이어도 주제만 달랑 주어지기 때문에 리서치는 각자 알아서 해야 한다. 이런 과정을 주기적으로 반복하다 보면 주제와 관련된 자료를 찾아내는 능력이 향상된다.

리서치 능력은 특히 정보화 시대에 중요하다. 정보가 한도 끝도 없이 쏟아지는 시대에 자기가 원하는 정보가 무엇인지, 그것이 어디에 있는지를 재빨리 알아내는 능력과, 찾아낸 정보의 가치를 재빨리 판단해 선택하는 능력은 정보화 시대의 필수 재능이다.

인공지능과 디베이트

챗GPT로 전 세계가 출렁이더니 우리 교육계도 몸살을 앓고 있다. 자료 조사는 물론, 리포트 작성, 시험 문제 풀기 등 다양한 분야에서 생성형 인공지능(AI)이 상당한 능력을 보여 줬기 때문이다. 챗GPT를 이용해 작성한 과제를 제출했다가 0점 받은 사례도 있다. 챗GPT를 디베이트에 적용해 보는 방법을 생각해 보자. 먼저 챗GPT에게 주제를 던져 주고 받은 내용을 살펴보자.

그림 1-10 챗GPT와 질의응답한 예

 "대학교에서 전공 수업은 반드시 출석해야 한다."는 주장을 어떻게 생각하는지 알려 줘.

 "대학교에서 전공 수업은 반드시 출석해야 한다."는 주장에 대한 저의 의견은 다음과 같습니다:

출석 여부가 학업 성과에 영향을 미치는지 여부는 전공 수업의 성격, 교수의 가르침 방식, 학생의 학습 스타일 등에 따라 다를 수 있습니다. 몇 가지 고려해야 할 점은 다음과 같습니다:

1. 교수의 가르침 방식: 일부 교수들은 강의 중 중요한 개념을 강조하거나 추가 설명을 제공할 수 있으므로 수업에 출석하는 것이 도움이 될 수 있습니다. 다른 교수들은 강의록이나 온라인 자료를 제공하여 학생들이 수업 내용을 따라갈 수 있도록 도와줄 수 있습니다.

2. 토론 및 그룹 활동: 일부 수업은 학생들이 토론하거나 그룹 활동을 통해 협력하고 아이디어를 공유하는 것을 중요하게 여길 수 있습니다. 이러한 경우 출석이 학습과 협력에 도움이 될 수 있습니다.

3. 자율 학습과 독립적 학습 능력: 일부 학생들은 수업에 참석하지 않더라도 독립적으로 학습할 수 있는 능력을 가지고 있을 수 있습니다. 이 경우 출석 여부보다는 개별 학습 스타일에 따라 평가되어야 합니다.

4. 출석률의 중요성: 몇몇 대학교나 강의는 출석률을 성적에 포함시키는 경우가 있습니다. 따라서 학생들은 이러한 규정을 준수해야 할 수 있습니다.

종합적으로, 전공 수업의 출석 여부는 각 학생의 개별적 상황과 학습 스타일에 따라 다를 수 있습니다. 중요한 것은 학생 스스로 자신의 학습 목표를 이해하고 그에 맞는 학습 방식을 선택하는 것입니다. 학업 성취를 위해서는 출석 여부 외에도 강의 내용을 충분히 이해하고 복습하는 노력이 필요합니다.

물론 챗GPT의 답변이 매우 높은 수준은 아니다. 하지만 초안은 챗GPT로 쉽게 만들 수 있다. 논거 하나하나를 자세히 질문하면 훨씬 고급스러운 답변을 얻어 낼 수 있다.

이번에는 챗GPT의 답변을 참고해서 순식간에 작성한 입안문 예를 살펴보자.

표 1-5 챗GPT를 이용해 작성한 입안문 예

주제	대학교에서 전공 수업은 반드시 출석해야 한다.
입안문	존경하는 심사위원님, 안녕하세요. 저는 대학생으로서 전공 수업의 출석 문제를 이야기하고자 합니다. 현재 대학교에서 전공 수업은 필수가 아니라 선택하여 들을 수 있습니다. 하지만 저는 이러한 선택적 출석 제도는 다음 세 가지 점에서 학생들에게 부정적인 영향을 끼친다고 생각합니다.

입안문	첫째, 전공 수업은 해당 전공의 전문 지식과 역량을 함양하는 과정입니다. 출석하지 않고 강의 자료만 보는 것으로는 전공 지식을 충분히 습득하기 어렵습니다. 둘째, 전공 수업은 학생들에게 참여와 책임감을 심어주는 기회입니다. 출석을 의무화함으로써 학생들은 수업에 집중하고 노력하여 전공 지식을 습득하는 데 더욱 열심히 노력할 것입니다. 마지막으로, 전공 수업의 출석을 의무화하면 학생들은 수업에서 주어진 과제와 프로젝트에 적극 참여할 것입니다. 이는 전공 분야에서의 성장과 경쟁력 향상에 이바지할 것입니다. 이 세 가지 점을 통해 저는 대학교에서 전공 수업의 출석을 필수로 하는 것이 중요하다고 생각합니다. 학생들이 전공 분야에서 경쟁력을 갖고 성장하려면 출석을 중요하게 생각해야 하며, 이러한 전공 수업 출석의 의무화는 학생들의 발전과 성취에 큰 역할을 할 것입니다. 감사합니다.

▶ 디베이트에서 논거를 제시할 때에는 첫째, 둘째, 셋째와 같이 순서를 사용하는 것이 좋다

챗GPT는 어떤 질문을 하느냐에 따라 활용도가 달라진다. 챗PT에게 질문을 던지는 방법을 정리한 책까지 나올 정도다. 《하루 만에 끝내는 챗GPT 활용법》(프롬프트 크리에이터 지음)을 보면 자세히 나와 있다.

AI가 등장하면서 비판적 사고력이 훨씬 중요해졌다. 디베이트로 비판적 사고력을 기른 사람은 챗GPT를 훨씬 더 잘 활용할 수 있을 것이다. 앞으로 챗GPT와 같은 인공지능(AI)을 잘 활용할 줄 아는 디베이터가 앞서 나갈 것이다.

그림 1-11 추천 도서

챗GPT가 도입되면서 리서치 양상도 조금 바뀌었다. 하지만 챗GPT 시대에도 질문을 잘 하는 능력은 여전히 중요하다. 챗GPT는 주어진 질문에만 충실히 답할 뿐 질문의 수준에 따라 답변의 질도 달라지기 때문이다. 수준 낮은 질문에는 답변도 수준 낮게, 수준 높은 질문을 하면 그에 맞게 수준 높은 답변을 받을 수 있다.

명심할 것은, AI의 결과물을 단순 복제해서는 안 된다는 것이다. 게다가 챗GPT의 답변이 틀리는 경우도 많다는 것을 염두에 둬야 한다. 챗GPT의 데이터는 확인해야 한다는 점을 꼭 기억해야 한다. 전혀 사실이 아닌 것을 사실처럼 꾸며 대기도 하기 때문이다.

교육 효과 2 — 비판적 읽기 훈련

디베이트를 하면 비판적 읽기(critical reading) 훈련이 된다. 리서치를 통해 자료를 구했다면 읽어야 한다. 그런데 간단히 읽는 수준이 아니라 비판적 읽기를 해야 한다. 자료를 읽으면서 한편으로 그 자료가 제시하는 주장과 근거를 찬성과 반대로 나누어 머릿속에서 재구성해야 하기 때문이다.

이는 디베이트의 진행 방법과 긴밀하게 관련된다. 디베이트할 때 학생들은 찬성 팀과 반대 팀 가운데 어느 쪽을 맡을지 사전에 모른다. 디베이트 현장에서 심판이 동전을 던져 이긴 팀이 주제의 찬반 또는 발언의 선후를 먼저 선택하는 방식이다.

▶ 이때 이긴 팀은 주로 찬반을 택한다. 찬반이 디베이트 승부에 더 큰 영향을 주기 때문이다. 결국 진 팀은 선후를 정하는데, 주로 나중을 택한다. 그렇게 하는 것이 더 유리하기 때문이다.

이 진행 방법은 디베이터들에게 '사전에 미리 완벽하게 찬성과 반대의 입장을 모두 정리해 올 것'을 요구한다. 그래야 어떤 편을 맡든지 디베이트를 바로 시작할 수가 있기 때문이다. 따라서 리서치한 자료를 '이해하는 정도'로 읽어 와서는 곤란하다. 이해하는 것은 물론이고 찬성과 반대의 입장에서 각각 논리를 완벽하게 재구성해야 디베이트에서 이길 가능성이 높아진다. 이 과정에서 단순한 자료 읽기를 넘어선 비판적 읽기가 자연스럽게 이뤄진다.

디베이트 프로그램은 보통 1년 내내 진행되며 매주 또는 격주, 한 달에 한 번씩 주제가 달라지는데 퍼블릭 포럼 디베이트는 매주 또는 격주로 진행하는 것을 추천한다. 참가자는 매번 새로운 주제와 관련된 글을 읽어야 하므로 이 과정에서 다양한 글 읽기가 저절로 이루어지며 어휘 능력도 향상된다. 그런데 읽기에서 중요한 것은 다양한 글을 비판적으로 읽어 내는 것이다.

예를 들어 '전쟁 포로'에 관한 주제라면 국제법, 전쟁, 평화, 제네바 협정, 인권 같은 단어에 익숙해져야 한다. 다양한 자료를 되풀이해서 읽다 보면 관련 단어의 뜻과 쓰임새를 익힐 수 있다. 어휘는 이렇게 맥락으로 익히는 것이 아니었던가?

만약 디베이트 주제를 1주일에 하나씩 바꾼다면 1년이면 50여 개, 4년이면 200개쯤 된다. 이런 방식으로 디베이트를 하면 관련된 핵심 어휘를 다양하게 익힐 수 있으니 똑똑해질 수밖에 없다.

디베이트를 하더니 아이가 뉴스를 곧잘 봐요!

어릴 때에는 TV 뉴스 시간이 지루할 수밖에 없다. 어린 시절 많은 학생들이 뉴스를 재미없어 하는 이유는 무엇일까? 맥락도 모르고 그 사안이 자신의 삶과 어떻게 관련되어 있는지 알지 못하기 때문이다. 하지만 디베이트를 배우면 이 세상의 주요 정책이나 사건이 어떤 일을 배경으로 발생하는지를 알게 되므로 뉴스를 즐길 수 있는 것이다. 배경을 이해하니 뉴스가 재미있을 수밖에 없다.

디베이트를 시작한 지 6개월쯤 된 학생의 부모님으로부터 전화가 왔다.

"그동안 뉴스라면 관심도 없던 애가 이제는 뉴스를 가장 좋아하게 되었어요. 신문도 읽어요."

당연한 변화다. 디베이트에 참가하는 학생들 모두에게 이런 변화가 일어난다.

교육 효과 3 — 말하기 훈련

디베이트를 하면 말하기, 곧 스피치(speech) 훈련이 된다. 그러므로 스피치 능력도 자연스럽게 향상한다. 디베이트에서는 자기 생각을 정리해서 발언해야 하기 때문이다. 내용이 중요하므로 논리적으로 말하는 훈련을 반복할 수 있을 뿐 아니라 이와 더불어 말하기의 형식, 즉 목소리와 톤, 몸짓, 눈 맞춤까지 훈련한다. 어렸을 때부터 말하기 훈련을 하면 대중 앞에서 말하는 것을 두려워하지 않고 자신 있는 태도로 카리스마 넘치게 말할 수 있다.

우리나라에서는 '침묵은 금'이라느니 '어른 앞에서는 말을 삼가야 한다.' 또는 '과묵한 사람이 좋다.'는 등을 오랫동안 미풍양속으로 여겨왔다. 그래서인지 미국의 대학가에서는 '한국 학생들은 조용한 것이 공통된 특징'이라는 말까지 한다. 하지만 글로벌 사회에서는 적극적이고 논리적으로 말하는 사람이 유리하다. 글로벌 인재를 지향한다면 디베이트는 필수 교육 활동이다.

교육 효과 4 — 비판적 듣기 훈련

디베이트를 하면 비판적 듣기(critical listening) 훈련이 된다. 디베이트를 하면 듣기 실력도 늘어난다. 청력이 개선된다는 말이 아니다. '비판적 듣기' 능력이 향상된다.

어떤 사람은 자기 혼자서만 말하려고 한다. 남이 말할 여지를 두지 않는다. 또, 어떤 사람은 남이 말할 때 경청하지 않고 자기 생각만 한다. 그러고는 그 사람 말이 끝나면 엉뚱한 소리를 한다. 또 다른 어떤 사람은 남의 말을 다 듣지도 않고 중간에 자르고 들어온다. 모두 듣는 훈련을 하지 않아서 그렇다. 우리 주변에서도 흔히 볼 수 있는 모습이다. 이런 사람들이 모여 회의를 하면 5분도 안 되어 고성이 난무하고 결과물은 없다.

그림 1-12 비판적 읽기와 말하기 훈련이 필요한 경우

그런데 디베이트를 하면 비판적 듣기 훈련이 자연스럽게 이루어진다. 우선 디베이트 순서에 상대 팀이 발언할 때 경청해야 하는 시간이 있다. 남이 말할 때 끼어들면 디베이트 규칙을 어기는 것이다. 또, 경청할 때에는 메모하면서 상대방이 발언하는 내용에서 포인트를 잡아내려고 애써야 한다. 그래야 상대방의 발언에 어떤 논리적 모순이 있는지를 간파해서 다음 자기 차례가 되었을 때 질문하거나 반박도 하면서 자기 팀의 논리를 펼 수 있기 때문이다. 이것이 비판적 듣기이다. 실제로 디베이트 대회에서는 참가 학생들이 하나라도 빠뜨릴세라 열심히 듣고 적는 모습을 쉽게 볼 수 있다.

하지만 비판적 듣기 훈련은 우리나라 공교육, 사교육 모두 전문적으로 다루지 않는다. 전 세계에서 사교육률이 가장 높은 우리나라에 스피치를 가르치는 학원은 있어도 비판적 듣기는커녕 그냥 듣기를 훈련하는 학원은 찾아볼 수 없다. 비판적 듣기 교육이 유달리 약한 우리나라 교육에서 디베이트는 훌륭한 대안이 된다.

인터뷰

디베이트 강의할 때 자주 받는 질문 6가지

디베이트 연수를 진행하다 보면 꼭 만나는 질문이 있다. 여러분도 궁금해하는 내용일 것이다.

Q01_ 찬성과 반대를 동전 던지기로 정한다면, 디베이트 주제에 대한 자신의 의사와 상반되는 입장에서 토론할 수도 있다는 거네요. 그렇다면 마음은 이편인데, 실제로는 저편이 되어 디베이트를 해야 할 텐데 어떤 문제가 생기지는 않나요?

대구 수성고등학교 선생님의 사례로 답변을 대신한다. "저도 처음에는 학생들을 지도하면서 그런 의문을 가졌는데,

실제 현장에서는 아무런 문제가 없었습니다. 오히려 자기가 평소에 생각하던 편의 반대쪽에서 디베이트를 준비하는 과정에서 사안을 훨씬 종합적으로 인식하는 데 이르는 것을 발견했습니다. 자기가 생각하던 것과 반대편에 서서 토론해 보라고 권하고 싶을 정도입니다."

Q02_ 디베이트는 몇 학년 때부터 하는 것이 좋을까요?

초등학교 4학년 때부터 하는 것이 좋다. 이때가 시간상으로도, 디베이트 차원에서도 가장 좋다. 초등학교 4학년 이전에는 아무리 똑똑한 학생이라도 사회 개념을 이해하는 데 힘겨워하기 때문이다. 4학년 이전에 디베이트를 하고 싶다면 독서를 매개로 한 디베이트가 좋다. 책을 한 권 읽고 나서 그 책에서 논쟁거리를 골라 디베이트 주제로 만들어 토론하는 정도라면 초등학교 저학년도 충분히 따라 할 수 있다. 이렇게 훈련받은 학생 중에는 초등학교 3학년 때부터 정식 디베이트에 참여하는 경우도 있다.

Q03_ 가정에서는 디베이트를 어떻게 준비해야 할까요?

우선 집안에서 토론하는 분위기가 중요하다. 아이들이라고 무시하지 말고 존중하는 태도로 이야기를 나누는 문화를 만들라는 것이다. 집에서 토론하는 분위기를 익히면 나중에 디베이트에 참여할 때 훨씬 자연스럽게 적응한다.

Q04_ 디베이트는 영어로 하는 것이 좋을까요?

익숙한 언어로 하는 것이 좋다. 사실 영어로 디베이트하는 것은 쉽지 않다. 사실 영어 디베이트를 한다고 하면서 자유 토론 수준으로 진행하는 곳도 많다. 언어는 상관없다. 영어로 하든 우리말로 하든 비판적 사고력을 기르는 것은 매한가지다. 디베이트 효과를 극대화하려면 좀 더 익숙한 언어로 하는 것이 좋다.

Q05_ 자유 토론은 어떤 문제가 있을까요?

교사 연수에서 한 선생님이 이렇게 말했다. "교육에서 토론의 중요성은 잘 알고 있기에 수업 시간에 자유 토론을 하곤 했습니다. 그런데 문제가 있었습니다. 토론 수업을 진행할수록 말을 잘하는 학생은 자주 나서서 좌중을 휘어잡았지만 말을 잘 못하는 학생은 오히려 더욱 위축되고 주저하는 모습을 보였습니다. 더 큰 문제는 말꼬리 잡기 싸움입니다. 토론이 잘못되어 말꼬리 잡기 싸움으로 번지면서 감정이 상해 토론이 끝난 후에도 서먹서먹해하고 관계를 회복하는 데 어려웠습니다. 2~3개월 진행했지만 결국 학생들의 흥미가 떨어져서 지속할 수가 없었죠. 그래서 좀 더 제대로 된 토론을 배우고 싶어서 디베이트 연수에 참가한 것입니다."

Q06_ 자유 토론과 비교할 때 디베이트의 강점은 무엇인가요?

디베이트는 자유 토론의 문제를 대부분 해결해 준다고 생각하면 된다. 아무리 말을 잘하는 학생이라도, 아무리 많이 준비해 온 학생이라도 자기 발언 시간을 넘길 수는 없다. 발언 시간을 넘기면 감점을 받기 때문이다. 거꾸로 아무리 말을 못하는 학생이라도 자기 순서가 있고, 그 순서에서 요구하는 역할이 있다. 그리고 그 시간은 아무도 방해하지 못한다. 말을 잘하는 학생이나 못하는 학생이나 모두 동등하게 참여할 수 있는 것이 디베이트이다.

또한 디베이트에서는 감정적으로 대응해서는 안 된다. 디베이트 참가자들이 누구를 대상으로 설득하려는 것인지 생각해 보면 쉽게 이해할 수 있을 것이다. 디베이트에서는 상대편이 아니라 눈앞의 심판과 청중을 설득해야 한다. 그러므로 침착하고 조리 있게 의견을 말해야 한다. 흥분은 금물이다. 디베이트의 이치를 알아챈 참가자라면 절대 흥분하지 않는다. 상대방이 흥분해도 당황하지 않는다. 심판이 상대방의 태도 점수를 깎을 것이기 때문이다. 이런 까닭에 디베이트에서는 말꼬리 잡기 싸움이나 삿대질, 고함이 나타나지 않는다.

교육 효과 5 — 글쓰기 훈련

디베이트를 하면 글쓰기(writing) 훈련이 된다. 이는 두 가지 측면에서 가능하다. 하나는 프로그램의 마지막 순서로 디베이트가 끝날 때마다 참가한 학생들에게 에세이(수필)를 쓰게 한다. 그러니 글쓰기 실력이 자연스레 늘 수밖에 없다.

디베이트의 맨 처음 순서에서 사용하는 입안문의 구조는 에세이 형식을 따른다. 에세이는 흔히 '서론 – 주장 1 – 주장 2 – 주장 3 – 결론'으로 구성된다. 디베이트 입안문도 마찬가지여서 '말로 쓰는 에세이'라고 하는 이유가 여기에 있다. 결국 디베이트를 하는 것이 어떤 주제에 찬성 또는 반대하는 에세이를 쓰는 것과 같다.

생각해 봅시다!

디베이트를 오해하는 3가지 예

디베이트를 잘못 알고 오해하는 사람들이 있어서 크게 세 가지로 나누어 정리했다.

오해 1 **디베이트는 웅변, 스피치랑 비슷하다?**

디베이트를 웅변이나 스피치로 생각하는 사람도 있다. 말하기를 중시한다는 점에서는 같다고 볼 수 있다. 하지만 디베이트는 스피치에 그치는 게 아니라 '종합 교육 프로그램'이라는 특징이 있다.

웅변, 스피치와 달리 디베이트에는 '반박'이라는 순서가 있다. 반박을 하려면 상대방의 이야기를 잘 들으면서 논리의 오류나 허점을 발견해야 한다. 웅변, 스피치가 주어진 주제에 대한 자신의 생각을 정리해서 말한다면, 디베이트는 여기에 더해 상대방 이야기를 경청하고 그 논리의 타당성을 사고하게 만든다. 또한 디베이트는 비판적 사고가 추가되어 종합 교육 프로그램이 되는 것이다. 디베이트를 잘하면 웅변, 스피치도 조리 있게 할 수 있다. 하지만 웅변이나 스피치를 잘한다고 해서 디베이트를 잘할 것이라고 보장할 수는 없다.

오해 2 디베이트를 하다 보면 싸움닭이 된다?

디베이트는 토론하는 과정에서 주제를 깊이 인식하면서 이와 더불어 스피치 실력과 논리 실력의 향상을 추구하는 교육 방법이다. 싸움이 목적이 아닌 것이다. 디베이트를 하면 오히려 상대방의 이야기를 경청하고 설득력 있게 말하는 습관이 생긴다.

오해 3 디베이트를 하다 보면 흑백 논리에 빠진다?

디베이트가 어떤 주제를 정해서 찬반으로 나누어 토론하다 보니, 혹시 흑백 논리에 빠지지 않을까 걱정하는 사람이 있다. 당연히 아니다. 디베이트에서 찬반으로 나누어 토론해야 각자 논점이 분명해지고 토론 기량을 정확하게 비교할 수 있기 때문이다. 디베이트를 하면 한쪽으로만 생각하던 것을 오히려 입체적으로 이해하게 된다. 예를 들어 '학생은 교복을 입어야 한다.'를 주제로 디베이트를 한다면 예전에 교복 입는 것을 당연하게 여겼던 학생이 교복 착용 제도를 더 깊이 이해함으로써 교복 착용 여부에만 매달리는 흑백 논리를 주장하지 않는다.

01-4

성공하는 리더의
디베이트 훈련 코스

앞에서 디베이트를 하면 조사 연구(리서치), 비판적 읽기, 말하기, 비판적 듣기, 쓰기 훈련이 된다는 5가지 교육 효과를 제시했다. 여기에 인터뷰, 리더십, 인성, 시민 의식, 철학 교육 훈련을 할 수 있다는 5가지 효과를 합치면 10가지가 된다. 이 절에서는 나머지 디베이트의 교육 효과 5가지를 소개한다. 디베이트를 하면 인터뷰 훈련, 리더십 훈련, 인성 교육 훈련, 시민 의식 교육 훈련, 철학 교육 훈련 효과가 있다. 하나하나 자세히 알아보자. ▶ 31쪽 그림 1-9를 참고하기 바란다.

교육 효과 6 — 인터뷰 훈련

디베이트를 하면 인터뷰(interview) 훈련이 된다. 우리는 살아가면서 여러 곳에서 인터뷰를 경험한다. 상급 학교에 진학할 때, 직장에 들어갈 때 면접 시험을 본다. 결혼을 준비할 때 맞선이나 상견례도 인터뷰라 할 수 있다.

디베이트는 인터뷰를 연습하기에 가장 좋은 방법이다. 우선 디베이트에서는 말할 때의 습관을 교정할 수 있다. 말하면서 다리를 떨거나 고개를 갸우뚱하는 학생도 있고 손톱을 깨물거나 상대방을 보지 않고 말하는 학생도 볼 수 있다. 이런 버릇은 인터뷰 전문가가 한두 번 지적한다고 해서 쉽게 바뀌지 않는다. 지속적으로 노력해야만 개선할 수 있기 때문이다. 디베이트할 때마다 꾸준히 지적받는다면 차츰 고칠 수 있다. 디베이트의 강점이 이 대목에서 빛을 발휘한다.

더 나아가 디베이트를 하면 듣기 훈련이 동시에 이루어진다. 인터뷰하는 사람이 질문하는 핵심을 재빨리 파악할 수 있는 능력을 갖는다. 게다가 자신의 의견을 조리 있고 자신감 있게 말하는 훈련도 한다. 디베이트에서는 인터뷰할 때 필요한 말하는 자세 훈련, 듣기 훈련, 말하기 훈련을 규칙적으로 하기 때문이다.

순발력을 키우는 훈련도 강조하고 싶다. 디베이트에서는 상대방이 발언하자마자 뒤이어 바로 교차 질문을 하거나 반박해야 할 순서가 있다. 준비 시간을 요청하지 않는다면 바로 시작해야 한다. 상대방이 말하는 동안 내용을 분석해서 바로 대응 전략을 세워야 하므로 순발력이 좋아지는 것은 당연하다. 인터뷰할 때 전혀 예상하지 못한 질문이 나오더라도 효과적으로 대응할 수 있다.

디베이트를 열심히 한 학생과 인터뷰해 본 사람들은 감탄한다. 다른 학생과 너무 달라 보인다는 것이다. 대입 면접에서 "인터뷰하는 동안 정말 즐거웠다."는 말을 들었다는 학생도 있었다.

이제 우리나라에서도 고등학교 입시, 대학 입시, 유명 기업체의 신입사원 선발, 승진 시험에서 3차 면접을 중시하는 경향이 짙어지고 있다. 숫자와 경력만으로는 지원자를 제대로 판단하기가 힘들기 때문이다. 특히 요즘에는 3차 면접을 집단 토론으로 하는 곳도 있다. 지원자의 특징을 쉽게 구별해 내기 위한 것이다. 사실 디베이트하는 모습은 한 번만 봐도 지원자의 안목과 언변, 경청 능력, 팀워크 능력이 고스란히 드러난다.

법대에 진학하는 학생이라면 디베이트는 필수!

학생들을 대상으로 디베이트 팀을 구성할 때 항상 먼저 반응을 보이는 학부모들이 있다. 그중에 직업이 변호사인 경우가 많다. 변호사 부모들이 자녀에게 디베이트를 시키는 이유가 뭘까? 한 변호인 학부모는 이렇게 이야기했다.

"우선 법대에 진학하면 수업이 대부분 토론식으로 이뤄집니다. 토론에 익숙하지 않으면 적응하기가 힘들죠. 변호사가 되어 일을 시작하면 토론은 더 중요해집니다. 법정에서 늘 하는 것이 결국은 토론 경쟁이니까요. 그러다 보니 토론 교육의 중요성을 깊이 깨달아 아이들에게 그런 프로그램을 재빨리 권하는 것이죠."

이처럼 자녀가 법조계에서 성공할 자질이 있는지 미리 확인하기 위해서라도, 또한 법조인으로 성공하기를 바란다면 디베이트는 필수 코스이다.

교육 효과 7 — 리더십 훈련

디베이트를 하면 자연스럽게 리더십(leadership) 훈련이 된다. 이제 '리더십이 중요하다'고 생각하는 학부모들이 늘고 있다.

하지만 '어떻게'라는 질문을 던지면 고개를 갸우뚱하는 것이 현실이다. 리더십 캠프에 참여하면 없던 리더십이 갑자기 생길까? 학교에서

회장을 해야만 리더로 성장할 수 있을까?

디베이트는 리더십의 기본 소양인 커뮤니케이션 능력을 가르쳐 준다. 리더는 끊임없이 대중과 소통해야 한다. 심지어 대중이 말하지 않더라도 그 심중을 꿰뚫을 수 있어야 한다. 예를 들어 정치가라면 자신이 세운 정책을 설득력 있게 효과적으로 알려야 한다. 이 과정이 원활하지 않으면 대중은 리더를 손가락질하고 리더는 대중을 불신한다. 우리나라 정치에서 자주 튀어나오는 '소통의 문제'가 바로 이것이다.

커뮤니케이션 기술은 디베이트할 때 가장 잘 배울 수 있다. 디베이트에서는 상대방의 주장을 비판적으로 받아들이고, 또 발언할 때는 조리 있고 설득력 있게 효과적으로 말하는 훈련을 한다.

디베이트 활동을 열심히 한 학생들이 단체 활동이나 학급에서 리더로 활동하는 모습을 자주 볼 수 있다. 우선 선거를 예로 들어 보자. 선거에서는 말하기가 중요하다. 짧은 시간에 대중을 상대로 조리 있고 설득력 있게 말하는 훈련을 오랫동안 해 왔다면 선거에서 대중에게 주목받는 것은 당연하다.

활동 과정에서도 마찬가지다. 늘 '다른 의견이 있다.'는 것을 알고 있으므로 다른 사람의 의견을 경청할 뿐 아니라 일부러 요청하기도 한다. 그리고 그 내용을 잘 이해하여 결정에 반영하려고 애쓴다. 그러니 다른 학생들이 이런 리더를 좋아하고 따를 수밖에 없다. 리더십에서 가장 중요한 커뮤니케이션 기술, 바로 디베이트로 해결할 수 있다.

교육 효과 8 — 인성 교육 훈련

디베이트를 하면 인성 교육(humanistic education) 훈련이 된다. 우리 나라에서 인성 교육의 위기가 지적되고 있다. 오죽했으면 2015년에 〈인성교육진흥법〉이 제정되기까지 했을까. 암기·공부 일변도의 교 육이 낳은 문제일 수도 있다. 그런데 인성 교육도 디베이트를 통해 상 당 부분 가능하다. 학생들과 디베이트할 때 윤리 문제는 중요한 토론 주제로 다뤄진다. 예를 들어 보자.

윤리 문제와 관련된 디베이트 주제
- 학교 폭력 방관자도 처벌해야 한다.
- 동물 실험은 정당하다.
- 거지에게 돈을 줘서는 안 된다.
- 욕설한 학생을 생활기록부에 기재하는 것은 정당하다.
- 학생의 이성 교제는 정당하다.
- 선의의 거짓말은 정당하다.
- 동물원을 없애야 한다.
- 장유유서는 현대에도 지켜야 할 덕목이다.
- 자식은 부모에게 복종해야 한다.
- 사형 제도를 폐지해야 한다.

이런 주제는 학생들이 주변에서 자주 마주치는 일상의 문제들이다. 하지만 쉬쉬하거나 자세히 따져 보지 않고 넘어가는 경우가 다반사 다. 이럴 때 친구들과 관련 자료를 읽고 토론하다 보면 그 사안을 깊 숙이 이해하고, 또 해결책까지 생각할 수 있다. 그러면서 자신의 윤리 관, 가치관을 나름대로 세워 나간다. 아무 생각 없이 성적 올리기에만 급급해서 공부만 한 학생과, 학창 시절에 이런 윤리 문제를 토론해 보 면서 성장한 학생 사이에 큰 차이가 있는 것은 당연하다.

물론, 학창 시절에 이런 토론에 참가한 학생이 모두 윤리적인 사회인으로 성장할 것이라고 보장할 수는 없다. 하지만 이런 문제 의식을 갖고 고민해 본 학생과, 피상적으로 알고 지나쳐 버린 학생 사이에는 분명히 차이가 있을 것이다.

교육 효과 9 — 시민 의식 교육 훈련

디베이트를 하면 시민 의식 교육(citizenship education) 훈련이 된다. 성장기에 디베이트를 하고 자란 학생은 사소한 것이라도 그대로 받아들이지 않는다. 책을 읽을 때도, 강연을 들을 때도 비판적으로 사고할 수 있기 때문이다. 사안을 종합적으로 이해해서 받아들인다는 말이다. 이런 훈련을 받고 자란 학생은 이후 사회인이 되면 겉으로 드러나는 현상을 곧이곧대로 받아들이지 않고 그 이면까지 살펴서 종합적으로 판단하고 합리적인 대안을 제시한다.

디베이트하는 과정에서 배운 협력과 페어플레이 정신도 큰 역할을 한다. 디베이트는 대부분 다른 학생과 한 팀이 되어서 진행한다. 그러므로 팀워크가 자연스럽게 길러진다. 게다가 미리 정해진 형식대로 토론하는 과정에서 페어플레이를 배운다. 소리를 지른다고, 주먹을 휘두른다고, 강짜를 부린다고 해서 될 일이 아니라는 것을 아는 것이다.

이렇게 훈련받고 자란 시민과 주입식·암기식 교육만 받고 자란 시민을 구성원으로 한 사회를 비교해 보자. 어느 사회가 더 건강할까? 대답은 자명하다. 이처럼 디베이트는 궁극적으로 합리적인 시민 사회 건설에 기여한다.

공무원도 디베이트 연수를 해야 할까요?

전라북도 교육연수원에서 실시한 디베이트 연수에서 신기한(?) 청중을 만났다. 학교 행정실 직원들이었다. 학교 행정실 직원도 교직원이지만 학생들을 직접 가르치지 않는데 토론 교육 연수가 왜 필요했을까?

사연을 알게 되었다. 이분들은 교육 행정직 6급이었다. 우리나라 6급 공무원이 바라는 바는 바로 5급 공무원이 되는 것이다. 그런데 전라북도 교육청에서는 6급 직원이 5급 승진 시험을 볼 때 토론을 포함시킨 것이다. 그분들에게는 불똥이 떨어진 것이다.

디베이트 연수를 실시하기 전에 그분들이 질문하고 담당자가 답변한 내용을 들어 보자.

"토론 시험 범위는 어떻게 되나요?"
"시험 범위? 그런 것 없는데요."
"그럼, 토론 기출 문제집은 어디서 파나요?"
"그런 것 없는데요."
"토론 시험 준비를 도대체 어떻게 하라는 거예요?"

그래서 토론 교육 연수가 개설된 것이다. 그분들이 현직 교사들보다 훨씬 더 진지하게 연수에 참여했던 기억이 난다. 충청남도 교육연수원, 행정안전부 지방자치인재개발원에서도 같은 경험을 했다. 이제 공무원 승진 시험에서도 토론은 필수가 되었다. 더 이상 미뤄둘 일이 아니다. 학창 시절에 배워 두면 미래의 공무원 승진 시험도 여유 있게 준비할 수 있다.

교육 효과 10 ─ 철학 교육 훈련

디베이트를 하면 철학 교육(philosophical education) 훈련이 된다. 학생들은 디베이트를 하면서 심사숙고하고 사려 깊게 판단하며, 궁극적으로는 철학하는 사람으로 길러진다.

디베이트에 처음 참가한 학생은 주어진 주제에 즉흥적이거나 피상적인 주장을 늘어놓기 일쑤다. 예를 들어 '공동 주택에서는 반려동물 사육을 금지해야 한다.'는 주제라면 다음처럼 주장하는 학생들이 있다. 어른 가운데에도 이렇게 주장하는 사람이 꽤 있을 것이다.

그림 1-13 즉흥적이거나 피상적인 주장(1)

다음으로 '우리나라 불법 체류자 자녀들에게 의무 교육 혜택을 주어야 한다.'는 주제에 대해서는 이렇게 말하곤 한다.

그림 1-14 즉흥적이거나 피상적인 주장(2)

이 주제 역시 같은 주장을 하는 어른도 있을 법하다. 하지만 이런 식으로 즉흥적이고 피상적인 견해로 디베이트에 임했다가는 패배하기 일쑤다. 그래서 학생들은 디베이트에서 이기기 위해 좀 더 근본적인 생각을 하게 되고, 이 과정에서 주제의 배후에 깔려 있는 핵심 가치의 충돌을 주목한다.

예를 들어 '대형 마트의 의무 휴무제를 폐지해야 한다.'라는 주제라면 그 근저에는 어떤 충돌이 있을지 생각해 보자. 아마도 '경제 활동의 자유'를 강조하는 입장과 '경제 민주화'를 강조하는 입장이 충돌할 것이다. 앞에서 예를 든 '우리나라 불법 체류자 자녀들에게 의무 교육 혜택을 주어야 한다.'는 주제라면 아마도 '인권' 차원에서 접근하는 입장과 '사회 정의' 차원에서 접근하는 입장이 충돌할 것이다.

그림 1-15 가치 충돌의 예

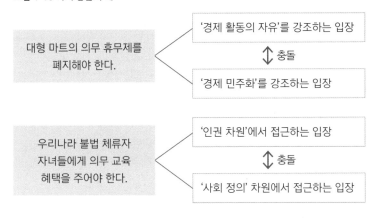

디베이트 입문자들은 입안 내용을 작성하는 데 매달린다. 하지만 디베이트를 여러 번 경험하면 전략이 중요하다는 것을 깨닫는다. 전략은 주어진 주제의 근저에서 핵심 가치의 충돌을 생각해 내는 과정에서 성립된다. 숙련된 디베이트 참가자는 어떤 핵심 가치가 충돌해서 이런 주제가 나왔는지를 먼저 생각한다.

이렇듯 디베이트를 준비하는 과정에서 학생들은 주제의 근저에 있는 핵심 가치의 충돌을 주목하고, 그 결과 인권, 사회 정의, 경제 민주화, 경제 활동의 자유와 같은 어려운 개념을 자유자재로 구사하게 된다. 디베이트를 통해 사려 깊은 사람, 현명한 사람, 철학하는 학생으로 바뀌는 것이다.

디베이트 훈련을 받은 학생은 이미 중학생 단계에서 성인의 사고보다 뛰어난 성숙함을 보여 주곤 한다. 우리가 보고 싶어 했던 제자들, 자녀들의 모습일 것이다. 사려 깊고, 현명하고, 철학하는 학생, 바로 디베이트로 가능해진다.

생각해 봅시다!

디베이트, 가르치면서 배운다!

우리나라에서도 자원봉사 활동이 뿌리내리고 있다. 성장기에 자원봉사를 경험한 학생은 사회에 나가서도 공동체를 우선시하는 자세를 보인다.

학생들이 할 만한 자원봉사 가운데 가장 추천하는 것은 '가르치기 (teaching)'이다. '가르치기' 자원봉사는 학생들에게 중요한 경험을 제공한다. 학생들이 평소와 달리 거꾸로 선생님의 위치에 서면 그동안 경험하지 못했던 것들이 보이기 때문이다. 그러다가 다시 학생의 위치로 돌아가면 이전보다 훨씬 성숙한 모습으로 학습 자세와 생활 태도가 달라지는 것을 볼 수 있다.

특히 디베이트를 가르쳐 본 학생은 더욱 성숙해진다. 디베이트를 2년 정도 열심히 한 중·고등학생이라면 초등학생을 지도할 수 있는 주니어 코치 수준이 된다. 초등학생을 지도하면서 자신의 디베이트 능력도 객관화해 볼 수 있으며, 이전에 디베이트를 배울 때 자신의 모습을 회상하다 보면 의미도 있고 보람을 느끼게 된다.

한국토론대학과 청소년토론스쿨에서 실시한 초등학생 디베이트 프로그램에서 주니어 코치로 참가한 풍덕고등학교 원○○ 학생의 자원봉사 활동 후기를 소개한다.

"먼저 이번 디베이트를 통해 많은 것을 깨달았어요. 그중에 리더십을 꼽고 싶습니다. 지난 여름방학 때에는 단원으로서 팀장이 하라는 것 위주로 시키는 것만 했지만, 이번에는 팀장이 되어 스스로 주도적으로 해야 할 일이 많아서 부담스러웠어요. 하지만 책임감을 갖고 잘 준비해서 팀원들과 함께 끝낼 수 있어서 보람을 느꼈고 자신감도 얻었습니다."

그림 1-16 주니어 코치로 초등학생 디베이트 자원봉사 활동을 하는 풍덕 고등학교 학생들의 모습

이후 이 프로그램에 참가한 초등학생들에게 설문 조사를 했는데 95% 넘게 디베이트 활동에서 재미를 느꼈고, 다시 또 해 보고 싶다고 할 정도로 만족도 역시 높았다. 여기에 주니어 코치로 참가한 중·고등학생들의 인격 성장은 말할 나위도 없다.

▶ 한국토론대학과 청소년토론스쿨에서는 2015년부터 방학 때마다 주니어 코치가 진행하는 초등학교 디베이트 캠프 자원봉사 활동을 정기적으로 진행하고 있다.
  • 한국토론대학 홈페이지(www.한국토론대학.org)
  • 청소년토론스쿨 홈페이지(www.YouthDebateSchool.org)

01-5

실제 교육 현장에서 바라본 디베이트

미국 교육과 대입에서 디베이트의 역할

여기에서는 디베이트 실제 현장의 이야기를 살펴본다. 대학 입학, 각종 시험에서 디베이트는 어떤 도움을 주는지 말이다. 디베이트가 활성화되어 있는 미국부터 알아보자. 디베이트는 미국 대입에서 얼마나 중요할까? 간단히 답한다면, 디베이트는 미국 대입에서 가장 환영받는 아카데믹한 활동이다. 왜냐하면 디베이트를 하면 학업 효과가 뛰어나 대학 공부에 필요한 자료 찾기, 비판적 읽기, 말하기, 비판적 듣기, 쓰기, 리더십 등을 잘 준비할 수 있기 때문이다.

구체적인 예를 들어 보자. 예일 대학교의 민 루옹(Minh A. Luong) 교수는 《연단의 이슈(Issue of Rostrum)》라는 정기 간행물에 기고한 〈스피치, 디베이트 활동과 대학 입시(Forensics and College Admissions)〉라는 글을 통해 대학 입시에서 디베이트의 중요성을 강조했다. 디베이트와 직접 관련된 부분만 소개한다.

스피치와 디베이트 같은 방과 후 활동이 장학금 지급 과정과 더불어 대학 입학 결정 과정에서도 갈수록 중요한 요소가 되고 있습니다. 그 이유는 공립·사립 구분하지 않고 학점 인플레이션 현상이 만연해 있고, SAT(Scholastic Aptitude Test)나 ACT(American College Test)와 같은 대학 수학 능력 시험의 진정한 목적을 왜곡한다는 데서 찾을 수 있습니다.

1999년 4월 16일 자 〈월 스트리트 저널〉 기사에 따르면, 대학 입학 사무처장들은 평균 학점이나 시험 점수보다 스피치, 디베이트 같은 아카데믹한 방과 후 활동의 성취도를 더 중요하게 본다고 합니다. 최고 명문 대학에 합격하고자 하는 지원자들은 학교 수업의 성취도와 더불어 수능 시험에서 좋은 결과를 보여야 하지만, 이제는 4.0 GPA(Grade Point Average, 평균 점수)에 SAT 만점이 최고 명문 대학 입학을 보장하던 시대는 지났습니다.

▶ GPA는 우리나라의 내신처럼 지필평가 외에 과제 수행, 출석, 성실도 등의 역량을 두루 평가하는 제도이다.

오랜 경험을 바탕으로 봤을 때 비판적 사고, 구두 또는 문자를 통한 의사소통 능력, 그리고 자신의 생각을 정리하여 효과적으로 제시할 줄 아는 능력을 길러 주는 방과 후 활동에서 성공한 학생들이 대학에서도 더 잘 해내고 있으며, 졸업한 후에도 성공하여 모교에 기부금을 아낌없이 내는 것으로 알고 있습니다.

또한 〈월 스트리트 저널〉 보고서에 따르면, 주 또는 전국 단위에서 디베이트 상을 받은 지원자들은 최고 명문 대학에 22~30%라는 높은 합격률을 보여 주었으며, 디베이트 팀의 리더가 되면 다른 방과 후 활동을 경험한 지원자들에 비해 합격 가능성이 60% 이상 높아진다고 합니다. 이는 다른 방과 후 활동에 비해 현저히 높은 수치입니다. 예를 들어 학교 신문 기자보다 3%, 스포츠 팀 주장보다 5%, 학년 회장보다 5%, 그리고 밴드보다 3% 초과되는 수준이었다고 합니다. 메이저급 상을 받지 못하더라도 스피치와 디베이트에 참여하는 것 자체로 평균보다 4%나 높은 대학 합격률로 반영되고 있습니다.

오늘날 대학은 장래의 활동적인 시민이나 지도자로서 조리 있게 사고하고 의사소통을 할 수 있는 지원자를 찾고 있습니다.

출처: www.speechanddebate.org/wp-content/uploads/Forensics-And-College-Admissions-Minh-Luong.pdf

이처럼 민 루옹 교수의 글을 통해 디베이트가 미국 대학 입학 사정에 어떤 영향을 끼치는지를 잘 알 수 있다.

우리나라 대입에서도 위력을 발휘하는 디베이트 사례

국내 사례도 살펴보자. 경기도 용인의 풍덕고등학교는 방학 때가 되면 학생 수백 명이 디베이트 캠프에 참여하곤 했다. 그때 테마는 '고대 그리스 고전을 통해서 본 현대 국제 정세'였다. 풍덕고등학교 학생들은 늘 하던 대로 디베이트 캠프를 끝내고 바로 이어서 인근 초등학교에서 열린 디베이트 자원봉사 캠프에 참가해 초등학생을 지도했다. 이 내용을 자기소개서에 적었는데 대입 면접에서 그 당시 면접관들은 디베이트 봉사 활동 내용과 관련해서 집중적으로 물었다고 한다.

인터뷰

대입 면접에서 디베이트 덕을 봤어요!

풍덕고등학교 학생뿐 아니라 많은 디베이트 경험자들이 대학 입시에서 좋은 평가를 받았다. 한 학생의 대학 입시 합격 성공 사례를 들어 보자.

"면접에서 가장 도움을 많이 받았던 것 같습니다. 다른 지원자에 비해 면접에 수월하게 임할 수 있었습니다. 디베이트에서 늘 질문을 받고 짧은 시간 안에 논리를 만들어 답변했던 경험이 큰 도움이 되었습니다."

"고대 그리스 고전과 현대 국제 정세를 도대체 어떻게 연결할 생각을 했나요?"

"이렇게 어려운 주제로 초등학생들과 캠프를 했다고요? 정말이에요?"

실제 디베이트 자원봉사 경험을 한 풍덕고등학교 학생들은 신나서 대답했고, 그 과정에서 좋은 인상을 주었는지 대학 입시 합격이라는 결과로 이어졌다는 것이다.

그림 1-17 한국토론대학에서 개최한 디베이트 캠프 — 주니어 코치 자격증반

우리나라 교육은 그동안 수많은 교육 실험을 해 왔다. 대학수학능력시험(줄여서 수능), 논술, 입학사정관제, 서술형·논술형 문제 도입, 토론교육 강화 등이 대표적이다. 그런데 어떤 경우에는 도입 당시의 취지를 제대로 살리지 못해 오히려 비판 대상이 되기도 하지만, 새로운 제도를 도입할 때의 의도가 이미 퇴색되었다고 투덜거릴 일이 아니다. 이는 우리나라 특유의 극성 문화, 그리고 아직도 똬리를 틀고 있는 주

입식 교육의 영향이 크다. 과거의 관행이 발목을 잡고 있다.

이런 상황에서도 우리나라 교육은 뚜벅뚜벅 미래를 향해 가고 있다. 디베이트는 변화에 대비하는 방법으로 효과적이다. 게다가 학생들은 디베이트하는 것을 재미있어 한다. 그리고 그 효과는 다른 다양한 부문을 아우른다.

우리나라 교육은 앞으로도 수많은 교육 시험을 시도할 것이다. 가깝게는 최근 관심을 모으고 있는 국제 바칼로레아(IB) 교육, 고교학점제를 들 수 있다. 이런 교육의 변화 근저에는 '비판적 사고력 강화'라는 공통 목적이 있다. 이렇게 우리나라 교육이 바뀔 때마다 문제를 따로 따로 해결할 것인가? 아니면 비판적 사고력이라는 근본적인 개선 방법으로 대비할 것인가? 디베이트를 꾸준히 할 때 나타나는 성과는 바로 최근 우리나라 교육의 변화에서 추구하는 가치를 정확히 구현한다. 더 나아가 디베이트는 이런 요구들보다 더 높은 목표를 성취하게 해준다.

좀 더 살펴봅시다!

국제 바칼로레아(IB) 프로그램과 디베이트

최근 우리나라에서는 국제 바칼로레아(International Baccalaureate, IB) 프로그램이 관심을 모으고 있다. IB 프로그램 역시 디베이트처럼 토론과 글쓰기, 비판적 사고, 자원봉사를 강조하는 등 비슷한 점이 많다. 세계적인 교육 경향을 이해하자는 차원이기도 해서 소개한다.

IB란 도대체 어떤 프로그램일까?

IB 프로그램은 스위스에 본부를 둔 비영리 교육 재단인 IBO에서 개발해 운영하는 국제 인증 교육 프로그램이다. 스위스에는 국제기구가 많은데 여기서 일하는 세계 여러 나라에서 온 부모의 자녀들은 각각 다른 교육 경험을 했을 것이다.

처음에 IB 프로그램은 이들을 대상으로 한 국제 표준 교육과정이었다. 현재 IB 프로그램은 75개국 2,000개가 넘는 대학에서 인정받고 있다. 미국에서는 AP(advanced placement) 프로그램과 동급으로 인정하기도 한다. 우리나라에서도 서울대학교, 연세대학교, 고려대학교, 카이스트 등에서 디플로마 과정(diploma programme)을 인정해 주고 있다.

▶ AP 프로그램이란 미국, 캐나다의 대학 위원회에서 고등학생들에게 대학 수준의 커리큘럼과 시험을 제공하는 프로그램이다. 쉽게 말해 고등학생이 대학 학점으로 인정받는 수업을 들을 수 있다.

그림 1-18 국제 바칼로레아(IBO)

출처: IBO 홈페이지(www.ibo.org)

디플로마 과정이란?

디플로마 과정은 IB 프로그램에서 가장 높은 단계로 16~19세를 대상으로 한다. 디플로마 과정을 수료하려면 다음 세 가지 요건을 충족하는 것이 중요하다.

- 요건 1: 독자적인 연구와 추론을 통해 단어를 400개 미만으로 사용한 에세이 제출하기

- 요건 2: 철학, 도덕, 논술 등을 통합하여 비판적·이성적인 사고를 가르치는 교육 과정(theory of knowledge, TOK) 100시간을 이수하고, 단어 1,200~1,600개를 사용한 에세이와 프레젠테이션 완수하기

- 요건 3: 교육 과정에 포함되지 않은, 새로운 것을 배우는 창의적 활동 50시간, 물리적인 운동 50시간, 그리고 봉사 활동 50시간을 2년에 걸쳐 완수하기

01-6

토론 문화와 유대인 교육

영향력 있었던 사람들의 공통점

다음은 누구나 들으면 알 만한 낯익은 이름이다. 이들의 공통점은 무엇일까?

- 아인슈타인 · 프로이트 · 마르크스 · 구스타프 말러 · 스피노자
- 멘델스존 · 로스차일드 · 하이네 · 토로츠키

마이클 샤피로(Michale Shapiro)가 쓴 《역사상 가장 영향력 있었던 유대인 100인》에 등장한 이름이다. 페이스북의 마크 저커버그(Mark Zuckerberg), 마이크로소프트의 빌 게이츠(Bill Gates), 영화감독으로 유명한 스티븐 스필버그(Steven Spielberg), 전 세계 경제를 쥐락펴락했던 미국 연준의장 벤 버냉키(Ben Bernanke), 생성형 인공지능 챗GPT

를 개발해 유명해진 오픈AI의 대표 샘 올트만(Sam Altman)도 유대인이다. 그래서 어떤 사람은 "세상에서 좀 유명한 사람은 모두 유대인"이라고 말하기까지 한다.

재미있는 통계가 있다. 2002년 영국 얼스터 대학교의 리처드 린(Richard Lynn)과 핀란드 헬싱키 대학교의 타투 반하넨(Tatu Vanhanen)이 쓴 《IQ와 국부》에서는 전 세계 185개국 국민의 평균 지능 지수(IQ)를 조사해 발표했다. 이 조사에서 우리나라는 홍콩(IQ 107)에 이어 세계 2위(IQ 106)를 차지했다.

그런데 이스라엘은 IQ 94로 전 세계 45위이

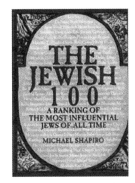

그림 1-19 책 표지

《역사상 가장 영향력 있었던 유대인 100인》(마이클 샤피로, 그랜더스 북스)

다. 게다가 전 세계 인구를 60억 명이라고 한다면 유대인은 1,200만여 명(이스라엘 국내 600만 명 + 해외 600만 명)으로 전 세계 인구 대비 0.2% 정도이다. 우리나라의 1/4 수준이고 북한보다도 작다. 이렇게 나라도 크지 않고 인구도 많지 않은 이스라엘 유대인은 어떻게 세계적으로 유명한 인재들을 키워 냈을까? 핵심은 '교육'에 있다.

유대인 교육의 비밀은 토론에 있다!

이 놀라운 유대인 교육의 효과는 어디서 비롯하는가? 이 질문은 그동안 교육 전문가들에게 지속적인 관심의 대상이었다. 유대인 교육 전문가들은 결론으로 세 가지를 강조한다. 정체성 교육, 부모가 선생님 역할을 하는 교육, 토론 교육이다. 이 세 가지 비밀을 자세히 살펴보고 나서 우리나라 교육과 비교해 보자.

정체성 교육

먼저 유대인의 정체성 교육부터 알아보자. 유대인의 정체성 교육에서 가장 상징적인 것은 크게 두 가지이다. 하나는 유대인 특유의 명절이다. 학생들은 명절을 통해 선조들의 고난을 배우고 역사에서 자신의 좌표를 깨닫는다. '초막절'이 대표적이다. 이날 유대인은 따뜻한 집에서 나와 천막을 치고 딱딱한 빵을 씹으며 지낸다. 선조들이 고생했던 지난 시기를 잊지 말고 정신 바짝 차리고 살자는 결의를 다지는 의미이다. 이 과정을 통해 학생들은 지금 자신이 어디에 서 있고 무엇을 해야 하는지를 숙고한다.

나머지 하나는 13세 때 행하는 유대인 성인식이다. 유대인 성인식은 학생들이 자신의 꿈을 정립하는 좋은 기회가 된다. 12세 생일 때부터 준비하는 성인식에서 학생들은 초대한 사람들 앞에서 설교를 해야 하는데, 이를 무사히 마쳐야 성인으로 인정받는다. 결혼식만큼 중요하게 여기는 이 행사에 참가한 친척, 친지 들은 학생들에게 부조를 한다. 미국 중산층 유대인 성인식에서 받는 부조액은 5만 달러에 달한다고 한다. 이렇게 유대인 학생들은 13세에 이미 자신의 꿈을 설계하고 쌈짓돈까지 마련한다. 다른 나라 학생들과는 출발선부터 다른 것이다.

부모가 선생님 역할을 하는 교육과 교육 토론

다음으로 부모가 선생님 역할을 하는 교육을 알아보자. 전문성이 떨어지는 부모보다 학원 강사가 훨씬 더 효과적이지 않느냐고 반문할 것이다. 하지만 생각해 보자. 이 세상에서 자녀를 가장 사랑하는 사람

그림 1-20 유대인 학생들이 공부하는 모습

은 두말할 것 없이 부모다. 부모의 따뜻한 관심 속에서 함께 공부하는 학생은 마음가짐부터 바로잡혀 있기 때문이다.

유대인은 태어난 순간부터 토론으로 교육을 받는다. 늘 자신의 생각과 다른 시각이 존재할 수 있다고 배운다. 학교에서 돌아온 자녀에게 부모는 "오늘 학교에서 뭘 질문했니?"라고 묻는다. 토론은 밥상머리에서도 계속된다.

가장 큰 문화적 차이는 도서관이다. 우리나라 도서관은 모두 '정숙'을 기본으로 한다. 다른 사람에게 방해되면 안 되기 때문에 조용히 하라는 것이다. 하지만 이스라엘의 도서관은 책상을 서로 맞붙여 놓고 토론하면서 공부할 수 있도록 디자인되어 있다.

이런 모습은 전문가가 하는 정연한 강의에 비해 체계가 없어 보일 수도 있다. 하지만 여기에 놀라운 교육 효과의 비밀이 있다. 토론을 하면 학생들은 주체가 된다. 교실에 앉아 선생님이 불러 주는 내용을 받아 적기만 하는 수동적인 태도에서 벗어난다. 주체가 되면 재미가 붙는다. 자전거 타는 것을 구경만 하는 학생에서 직접 타는 학생으로 바뀌었을 때의 환희를 생각해 보라. 공부 효과가 배가될 수밖에 없다.

게다가 토론에서 제시되는 다양한 견해는 사안을 입체적으로 이해하게 해주는 데 도움을 준다. 이 과정에서 자신의 의견을 좀 더 논리적이고 세련되게 정리하기도 한다. 토론의 중간 순서인 '반박'이 여기에 큰 도움을 준다.

토론 교육을 받아 보지 않은 사람은 자신의 의견이 반박당하면 당황스러워한다. 하지만 토론 교육을 받아 본 사람은 자신의 의견이 반박당할 수 있다는 것을 알고 준비한다. 반박을 피하려면 정연하면서도 빈틈없는 논리를 구사하려고 노력해야 한다는 것을 알고 있기 때문이다. 시련을 통해 단련되는 것처럼, 반박 속에서 정연한 논리를 구사하는 학생이 탄생한다.

우리나라 교육과 유대인 교육의 비교

어찌 보면 특별해 보이지 않는 이런 세 가지 비결이 합쳐져서 유대인 교육의 놀라운 효과를 발휘한다. 그렇다면 유대인 교육의 비밀과 우리나라 교육을 비교해 보자.

우리나라 사람들은 단일 혈통이라고 생각해서 그런지 정체성 교육에 소홀하다. 심지어 겨우 말을 할 줄 아는 어린아이를 영어 유치원에 데리고 간다. 글로벌 시대에 대비해야 한다는 이유로 초등학교 저학년 아이를 외국으로 보낸다. 그리고 초·중·고등학교 과정에서는 단 하나의 목표, 곧 명문 대학 입학을 제시한다.

결국 자신의 정체성을 자각하는 때는 대학 입학 후, 또는 군대 제대 후

가 된다. 뒤늦게 자신의 꿈을 요리에서 찾은 학생이 늦깎이로 프랑스로 유학 가는 사례가 이에 해당한다. 계산해 보자. 그 학생이 어릴 때 적성을 찾아 자기 계발에 힘썼다면 그 사이에 얼마나 큰 성과가 있었을까? 그런데 대학 입학 후 '철이 들고 나서야' 자기 꿈을 찾아가다니! '명문대 입학'이라는 단 하나의 교육 목표가 가져오는 사회적 손실은 이미 명확해졌다고 본다. 학생들이 자신만의 꿈을 가질 수 있도록 어른들이 도와야 한다. 이것이 행복과 윤택함으로 가는 지름길이다.

다행히 우리나라에서도 그런 움직임이 조금씩 생겨나고 있다. 이제는 여기저기서 토론을 강조하는 분위기가 확산되고 있지만 아직 주입식·암기식 방법이 중심을 이룬다. 지금도 디베이트를 웅변이나 스피치(말하기) 정도로만 이해하는 사람이 많다. 얼마 전 국회에서는 토론 문화 제로인 현장을 고스란히 보여 주었다. 국회의원들끼 죽기살기로 싸우다가 며칠 지나면 또 웃으며 악수한다. 정말 이해하기 힘든 일이다.

여전히 가능성 있는 우리나라 교육 ― 디베이트가 대안

너무 늦었다고, 우리나라 교육에서는 뭘 시도해도 도루묵이라고 좌절할 필요는 없다. 우리나라 사람에게는 어느 민족에도 뒤지지 않는 우수한 점이 있기 때문이다. 바로 열정이다. 다른 나라 사람들의 피가 36℃라면, 우리나라 사람들의 피는 42℃ 정도 되는 것 같다. 다른 나라 사람들은 수백 년에 걸쳐 이룩한 성과를 우리나라 사람들은 불과 몇 년 사이에 다 장악해 버린다.

그 열정을 이제 토론에 쏟아붓자. 사실 토론의 원리는 그다지 어렵지 않다. 그러므로 토론이 우리나라 교육의 중심에 설 수 있다고 본다.

수백 년 동안 토론을 해온 이스라엘과 비교했을 때 손색이 없을 것이다. 이 가능성을 이미 캘리포니아 남부의 한국인 커뮤니티에서 보여줬다. 처음에는 디베이트라는 말조차 따라 하지 못하던 한국인 학생들이 이제는 주류 사회에서 열리는 디베이트 대회 때 거듭 빼어난 성적을 거두고 있다. 바로 열정, 즉 끝도 없는 연습 덕분이다.

비판적 사고를 강조한 논술이 도입되는 것을 보고 환호했다가 변질되는 것을 보고 좌절한 사람도 많을 것이다. 이제 그 자리를 디베이트로 채워 보자. 디베이트를 제대로 키워서 우리나라 교육을 바꿔 나가는 계기로 삼아 보자. 우리는 유대인보다 늦게 토론을 시작했다. 하지만 유대인보다 훨씬 열심히 할 수 있으므로 따라잡을 수 있다.

좀 더 살펴봅시다!

좋은 디베이트 프로그램을 선별하는 방법

학부모 입장에서 디베이트 프로그램을 선별하는 방법을 제시한다. 국내에서는 디베이트가 아직 생소하다 보니 토론과 구별하기 힘들다고도 한다. 대외적으로는 디베이트를 한다고 해놓고, 실상은 자유 토론 수준으로 하는 곳도 간혹 볼 수 있다. 어떻게 하면 좋은 디베이트 프로그램을 구별해 낼 수 있을까?

[방법 1] **퍼블릭 포럼 디베이트를 추천한다!**
디베이트를 한다면 우선 디베이트 형식이 명확해야 한다. 디베이트는 형식을 중시하는 토론이기 때문이다. 그리고 디베이트 형식은 될 수 있는 한 널리 알려진 것이 좋다. 초·중·고등학교 학생들에게 유리한 점이 많은 퍼블릭 포럼 디베이트 형식으로 하는 것을 추천한다. 디베이트를 경험해 봤다는 학생을 만난 적이 있다. 반가운 마음에 어떤 디베이트 형식으로 했는지 물었더니, 디베이트 형식이란 말을 처음 들어 봤다고 했다. 그러니까 말만 디베이트였지, 실상은 그냥 자유 토론이었던 것이다.

방법 2 디베이트 프로그램 리더의 교육 철학을 살펴보자!

디베이트는 단순한 기술을 가르치는 것이 아니다. 우리의 교육 문화와 사고방식을 바꾸는 일이다. 그러므로 교육 차원에서 접근해야 한다. 특별 활동의 하나로, 돈벌이 수단으로만 생각하거나 디베이트 승부에 급급한 사람이라면 디베이트 리더로서의 자질이 부족하다.

방법 3 디베이트 코치의 경력이 중요하다!

디베이트 교육을 정식으로 받았는지 살펴보아야 한다. 실제 수업 참여 경험도 중요하다. 디베이트는 오프라인 활동 중심으로 이루어지므로 코치로서 관련 경험이 많아야 한다. 디베이트 리더와 마찬가지로 어떤 교육 철학으로 디베이트에 접근하는지 알아보는 것이 좋다.

방법4 디베이트 주제가 수준별, 연령대별로 다양한지를 살펴보자!

디베이트 주제는 디베이터의 학년, 디베이트 경험에 따라 달라져야 한다. 그러려면 디베이트 주제를 다양하게 마련해야 한다. 어떤 커리큘럼과 주제로 수업을 하는지 사전에 확인하고, 교재가 있다면 미리 자세히 살펴보는 것이 좋다. 일정한 체계가 잡혀 있는지도 살펴봐야 함은 물론이다.

방법 5 수업 진행 방법을 살펴보자!

수업 진행 방법에는 디베이트 코치, 디베이트 리더의 철학이 녹아 있다. 그러므로 디베이트 수업 방식에 학생들을 사랑하는 마음, 우리나라 교육 현실을 안타까워하는 마음, 디베이트에 대한 자신감이 드러나는지 살펴야 한다.

디베이트는 단순한 스피치 프로그램이 아니다. 우리나라 교육의 현실과 학생, 학부모를 바꾸고, 그 결과로 좀 더 개선된 교육 환경을 추구하는 사회적·역사적 의미가 들어 있기 때문이다. 우리 사회에서 디베이트의 포지셔닝이 무엇인지 정확히 이해하는 사람만이 좋은 디베이트 리더와 코치가 될 수 있다. 그런 사람들이 운영하는 디베이트 프로그램, 그것이 좋은 디베이트 프로그램이다. 좋은 디베이트 프로그램을 찾기 어려운 분들은 한국토론대학에서 운영하는 청소년토론스쿨에 문의하기 바란다.

2장

퍼블릭 포럼 디베이트의 형식 이해하기

02장에서는 디베이트가 실제로 어떻게 이루어지는지 사례를 통해 알아본다. 디베이트 형식은 다양하지만 여기에서는 퍼블릭 포럼 디베이트 형식을 중심으로 설명한다. 초보자가 시작하기에 가장 적당하기 때문이다.

02장은 두 가지를 염두에 두면서 읽었으면 한다. 하나는 디베이트를 꾸준히 하면 01장에서 말한 여러 가지 교육 효과를 실제로 낼 수 있을지 판단해 보기 위해서, 나머지 하나는 우리 선배들이 디베이트 순서를 이렇게 만든 이유를 생각해 보기 위해서이다. 이렇게 하면 디베이트 형식 또한 훨씬 더 쉽고 빠르게 이해할 수 있다.

02-1

퍼블릭 포럼 디베이트의 장점과
전체 흐름

디베이트 형식은 01장에서 살펴본 퍼블릭 포럼 디베이트 외에 의회
식 디베이트, 폴리시 디베이트, 링컨-더글러스 디베이트, 칼 포퍼 디
베이트 등 여러 종류가 있다. 여기에서는 가장 많이 쓰이는 디베이트
형식 5가지만 간단히 알고 넘어가자.

디베이트 형식은 목적, 주제 제시 주기, 주제 유형과 입증 방법, 질문
방법, 참가 인원 등에 따라 구분한다. 디베이트 문화는 서양에서 출발
했으므로 디베이트 형식 이름은 주로 영어를 사용한다.

▶ 퍼블릭 포럼 디베이트는 저학년 학생들이 즐길 수 있도록 2002년에 창안되었으며, 2003년 11월
NFL(National Forensic League)에서 명칭을 최종 확정했다. NFL은 2014년 NSDA(National
Speech and Debate Association)로 바뀌었다. 이 책에서 소개하는 퍼블릭 포럼 디베이트의 형식
은 2018년 개정한 것이다. 현재 우리나라에서는 2018년 이전 형식과 개정된 형식을 혼용하고 있다.

표 2-1 디베이트 형식 5가지

종류	설명
의회식 디베이트 (parlimentary debate)	• 가장 오래되었으며, 영국 의회(하원) 활동을 모델로 한다. • 주로 2:2로 진행하지만, 세계 각지로 퍼져 나가면서 참가자 수를 3:3 으로 늘렸고, 입안 순서를 세 차례로 하는 등 변형한 형식도 있다. • 주제를 디베이트를 시작하기 직전에 발표해서 평소에 다양한 상식 과 이슈로 충분히 연습해야 한다. • 토론자의 기량을 공평하게 비교해 볼 수 있다.
폴리시 디베이트 (policy debate)	• 2:2로 진행한다. • 디베이트 형식 가운데 가장 어려우므로 입문자가 도전하기에는 버거울 수 있다. • 디베이트 경험이 충분한 고등학생 이상에게 권한다. 고등학생일 경우 진행 시간은 총 74분이다. • 한번 경험해 보면 성취감을 크게 느낄 수 있다. • 대학생들이 학사 논문을 쓰는 기분으로 경험해 보는 것도 좋다.
링컨-더글러스 디베이트 (Lincoln-Douglas debate)	• 선거에서 유래하며 순발력이 중요하다. • 1:1로 진행하므로 디베이터의 역량이 잘 드러나는 것이 특징이다. • 숫자나 통계, 사실 등을 밝히는 데 주력하기보다 평등의 가치 등 윤 리와 철학에 가까운 토론을 논리적으로 전개해야 한다. • '핵심 가치의 충돌'을 늘 생각해야 한다는 점에서 참가자를 '철학 하는 사람'으로 만든다. • 입문자에게는 어려우므로 퍼블릭 포럼 디베이트에 익숙해지고 나 서 도전하기를 권한다.
칼 포퍼 디베이트 (Karl Popper debate)	• 3:3으로 진행한다. • 중·고등학생을 위해 1994년에 만들었다. • 퍼블릭 포럼 디베이트를 제외하면 가장 최근에 개발한 디베이트 형 식으로, 그만큼 새로운 변화와 시도가 엿보인다. • 이전의 디베이트와 퍼블릭 포럼 디베이트의 중간 형태로 볼 수 있다. • 우리나라에서는 2012년 대검찰청에서 개최한 전국 중학생 명예 검사 선발 대회에서 활용했다.

퍼블릭 포럼
디베이트
(public forum
debate)
	• 가장 최근에 개발해서 현대적이다.
	• 초등학생부터 대학생은 물론 일반인까지 입문자도 즐길 수 있으
	  며 2:2로 진행한다.
	• 우리나라에서 가장 많이 활용하는 형식으로, 주제는 1, 2주일 전에
	  발표한다. 미국에서는 한 달 전에 발표한다는 차이가 있다.
	• 순서 중에 교차 질의의 영어 명칭인 크로스파이어(cross fire, 교
	  차 질의)를 따서 크로스 파이어 디베이트라고도 한다.

NSDA(이전의 NFL)에서 채택한 퍼블릭 포럼 디베이트는 가장 최근에 개발된 디베이트 형식으로, 재미있고 도전적인 것으로 알려져 미국 학생들 사이에서 널리 확산되었다. 현재 우리나라에서도 퍼블릭 포럼 디베이트가 가장 광범위하게 소개되었다. 퍼블릭 포럼 디베이트의 장점 때문이다. 퍼블릭 포럼 디베이트는 어떤 장점이 있는지 하나하나 살펴보자.

**좀 더
살펴봅시다!**

디베이트 형식 4가지를 모두 알고 싶다면?

디베이트 형식 4가지를 더 자세히 알고 싶다면 《이것이 디베이트 형식의 표준이다!》(케빈 리 지음)에서 제공하는 동영상을 시청하면 좋다. 학생들이 실제 디베이트하는 모습을 실감 나게 체험할 수 있으며, 디베이트가 어떻게 전개되는지 전체 흐름을 쉽고 빠르게 파악할 수 있다.

이 책에서 제공하는 영상 4개 중에서 '퍼블릭 포럼 디베이트'는 02-2절 86쪽의 QR코드를 찍으면 시청할 수 있다.

그림 2-1 추천 도서

퍼블릭 포럼 디베이트의 장점

우리가 생각하는 디베이트는 ① 교육적인 목적으로 ② 초중고 학생들 여럿이 ③ 매주 모여서 ④ 다양한 주제를 섭렵하는 것이다. 목적이 그렇다면 당연히 퍼블릭 포럼 디베이트를 선택해야 한다. 퍼블릭 포럼 디베이트의 장점 5가지를 알아보자.

▶ 디베이트의 교육 효과 10가지는 01-3절, 01-4절에서 자세히 살펴보았다.

장점 1: 퍼블릭 포럼 디베이트의 청중은 일반인이다

퍼블릭 포럼 디베이트에서 상상하는 청중은 토론 주제에 관한 전문 지식이 없는 평범한 사람이다. 따라서 토론할 때에는 전문가나 알 만한 용어보다 일반인도 쉽게 이해할 수 있는 말을 사용해야 한다. 청중을 대상으로 적절한 근거와 논리로 자신의 편을 '옹호'하거나 '변호'해야 하기 때문이다. 결국 퍼블릭 포럼 디베이트는 토론자에게 요구하는 부담이 적다는 장점이 있다.

장점 2: 입증 부담이 낮다

퍼블릭 포럼 디베이트는 ① 적절한 근거를 제시하고, 조리 있는 논리로 ② 자신의 입장을 '옹호'하거나 '변호'하는 것을 목표로 한다. 이 역시 디베이트 참가자에게 어렵지 않을 정도의 부담을 준다. 이 입증 부담을 다른 디베이트와 비교해 보면 더욱 분명해진다.

예를 들어 폴리시 디베이트는 토론 주제에 대해 '준전문가 수준'에서 해결책을 제시하는 데 중점을 두고, 링컨-더글러스 디베이트는 토론 주제의 '핵심 가치' 제시를 중요하게 여긴다. 결과적으로 이 두 디베이트는 저학년 학생들이 도전하기에 쉽지 않다. 그러나 퍼블릭 포럼 디베이트에서 입증 부담은 초등학생도 도전해 볼 수 있는 비교적 낮은 수준이라는 것도 큰 장점이다.

장점 3: 다양한 순서로 구성되어 역동적이다.

퍼블릭 포럼 디베이트는 '입안 – 교차 질의 – 반박 – 교차 질의 – 요약 – 전원 교차 질의 – 마지막 초점'의 순서로 구성되어 학생들의 지적 호기심을 자극하고 순발력과 집중력을 강화하는 데 도움을 준다. 종래의 디베이트는 '입안 – 교차 조사 – 반박'의 간단한 형식이었으나 퍼블릭 포럼 디베이트에 와서 순서가 더욱 박진감이 나고 구성도 명료해졌다.

▶ 퍼블릭 포럼 디베이트의 7단계 각각의 내용은 02-2절에서 자세히 설명한다.

좀 더 살펴봅시다!

참가자 수는 디베이트 형식에 따라 다르다!

디베이트 형식에 따라 참가자 수가 각각 달라진다. 링컨-더글러스 디베이트는 1:1로 진행하지만 의회식 디베이트, 폴리시 디베이트, 퍼블릭 포럼 디베이트에서는 2:2이다.

하지만 실제 디베이트 수업(클래스)에서는 참가자 수를 늘려서 진행하는 경우가 대부분이다. 좀 더 많은 학생들이 참여할 수 있는 기회를 제공하기 위해서이다. 예를 들어 변형된 의회식 디베이트는 3:3으로, 퍼블릭 포럼 디베이트는 4:4로 진행하기도 한다. 그러나 정식 디베이트 대회에서는 기량을 비교해야 하므로 원칙대로 참가자 수를 지켜서 진행하는 것이 좋다.

▶ '디베이트 수업(클래스)'을 자세히 알고 싶다면 03-4절, 〈특별 부록〉 02를 참고하기 바란다.

장점 4: 주제가 다양하다

퍼블릭 포럼 디베이트에서는 일상부터 국제적인 이슈에 이르기까지 다양한 주제를 제시하여 학생들의 관심을 촉발한다. 이는 학생들에게 학교와 가정을 뛰어넘어 사회 전반을 이해할 수 있는 계기를 제공한다. 사실적인 논제, 가치적인 논제, 정책적인 논제 모두 퍼블릭 포럼 디베이트의 주제가 될 수 있다.

표 2-2 퍼블릭 포럼 디베이트의 최근 주제

우리나라 디베이트 대회의 주제	미국 NSDA에서 제시한 주제
1. 기업에서 ESG는 수익보다 우선되어야 한다.	1. 미국 연방 정부는 북극의 군사 주둔을 대폭 늘려야 한다.
2. 유전공학은 잘못된 과학이다.	2. 유럽 연합의 확대로 인한 이득이 해로움보다 더 크다.
3. 생태계 복원이 경제개발에 우선해야 한다.	3. 미국은 연방 선거에 순위 선택 투표를 도입해야 한다.
4. 인구를 지구의 적정 인구로 줄여야 한다.	4. 미국 연방 정부는 생체 인식 기술을 통한 개인 데이터 수집을 금지해야 한다.
5. 우리나라는 대통령 중임제를 도입해야 한다.	5. 미국에서는 근로권 보장법이 득보다 실이 더 많다.
6. 우리나라는 국회의원을 추첨 민주주의로 뽑아야 한다.	6. 미국 연방 정부는 서아시아 내부의 무력 분쟁을 평화적으로 해결하기 위한 외교적 노력을 강화해야 한다.
7. 우크라이나 전쟁의 책임은 푸틴에게 있다.	7. 미국의 강대국 경쟁 전략은 해로움보다 이득이 더 많다.
8. 인공지능의 발전은 인간을 행복하게 할 것이다.	8. 미국 연방 정부는 고속철도에 대한 투자를 대폭 늘려야 한다.
9. 인공지능을 활용하여 숙제를 했어도 내가 한 것이다.	9. 인도 공화국은 아르테미스 협정에 서명해야 한다.

▶ NSDA(National Speech and Debate Association)는 미국에서 사장 유명한 디베이트 조직으로, 2014년 NFL(National Forensic League)에서 현재 이름으로 바뀌었다. 이 책에서 소개하는 퍼블릭 포럼 디베이트의 형식은 2002년 NFL에서 창안하고 2018년 NSDA에서 개정한 것이다.

장점 5: 팀 단위로 하므로 팀워크와 리더십을 기를 수 있다

퍼블릭 포럼 디베이트에서 참가자의 기본 구조는 2:2이지만 디베이트 수업(클래스)에서는 3:3, 4:4로도 진행한다. 또한 디베이트 주제를 미리 제시하여 팀원들끼리 리서치 활동을 하면서 팀별 전략을 짜는 등 팀워크 훈련도 자연스럽게 이루어지므로 그에 따라 리더십도 기를 수 있다.

그런데 퍼블릭 포럼 디베이트만 연습하면 나중에 다른 디베이트 형식에 적응하기 힘들지 않을까 걱정하는 사람도 있다. 그동안 경험으로 비추어 볼 때 그것은 기우일 뿐이다. 디베이트의 목표는 '비판적 사고력 향상'에 있으므로 어떤 디베이트 형식을 선택하든 이 목표는 달성할 수 있기 때문이다.

결국 '비판적 사고력'이 어느 정도 경지에 이르렀다면 다른 디베이트 형식으로 전환할 수 있다. 마치 자전거를 탈 줄 알면 이후 산악 자전거든, 로드 바이크든 쉽게 적응할 수 있는 것과 같은 이치이다. 평소에 퍼블릭 포럼 디베이트로 연습해서 익숙해진 뒤 다른 형식의 대회가 임박해지면 그때 그 디베이트 형식에 도전하면 된다.

퍼블릭 포럼 디베이트의 특징

다음으로 퍼블릭 포럼 디베이트의 진행 순서를 알아보자. 이 책에서는 2018년 NSDA에서 개정한 퍼블릭 포럼 디베이트의 형식을 따른다. 퍼블릭 포럼 디베이트는 준비 시간(prep time)을 포함해 총 41분 동안 진행된다.

표 2-3 퍼블릭 포럼 디베이트의 형식

순서	먼저 발언 팀	나중 발언 팀	총 시간(분)
1단계	입안(4분)	입안(4분)	8
2단계	교차 질의(3분)		3
3단계	반박(4분)	반박(4분)	8
4단계	교차 질의(3분)		3
5단계	요약(3분)	요약(3분)	6
6단계	전원 교차 질의(3분)		3
7단계	마지막 초점(2분)	마지막 초점(2분)	4

* 준비 시간: 팀당 3분(총 6분)

총 41분

준비 시간은 디베이트 각 단계별 순서마다 나눠서 신청할 수 있으며, 이때 심판 옆 타이머는 초시계로 시간을 정확히 측정해서 한 팀당 총 3분을 넘지 않도록 해야 한다. 단, 다른 토론자가 발언할 때에는 준비 시간을 신청할 수 없다.

좀 더 살펴봅시다!

준비 시간 알뜰하게 활용하기

디베이트에서 준비 시간은 대개 30초나 1분 단위로 사용한다. 준비 시간을 선택제로 둔 이유가 있다. 대회의 흐름을 잘 파악하고, 또 자기 팀의 준비 상황을 잘 체크해서 전략적으로 임하라는 것이다. 마치 농구 경기에서 감독이 작전 타임을 적재적소에 신청하듯, 그런 훈련을 하라는 의미에서 선택제로 둔 것이다.
준비 시간을 다 쓴다 하여 감점하지 않으니 3분 모두 쓰는 것이 좋다. 2018년 개정된 퍼블릭 포럼 디베이트에서 준비 시간은 팀당 2분에서 3분으로 늘어났다.

퍼블릭 포럼 디베이트 형식은 다른 디베이트와 비교했을 때 특징이 잘 드러난다. 다음 그림을 이용해 의회식 디베이트, 링컨-더글러스 디베이트, 폴리시 디베이트의 형식을 비교해 보자.

의회식 디베이트, 링컨-더글러스 디베이트, 폴리시 디베이트는 세 가지 공통점이 있다. 첫째는 찬성에서 시작해서 찬성으로 끝난다는 점, 둘째는 입안과 반박이라는 순서로 크게 나뉘어 있다는 점, 셋째는 입안 이후에만 질의응답 시간이 바로 이어진다는 점이다.

그림 2-2 세 가지 디베이트의 형식 비교하기

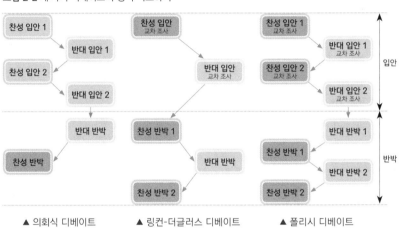

▲ 의회식 디베이트   ▲ 링컨-더글러스 디베이트   ▲ 폴리시 디베이트

퍼블릭 포럼 디베이트는 이전 디베이트 형식과 크게 다음 세 가지 차이가 있다. 첫째, 퍼블릭 포럼 디베이트에서는 반대 팀이 먼저 발언할 수 있는 기회를 처음으로 열어 줬다. 그 결과 완벽한 대칭형 디베이트 구조가 탄생하여 좀 더 공정한 모양새를 갖추었다. 칼 포퍼 디베이트도 대칭형 구조였지만 찬성 팀이 먼저 발언한다는 규정은 여전했다.

둘째, 퍼블릭 포럼 디베이트에서는 요약과 마지막 초점이 입안과 반박의 순서 수준으로 독립했다. 이전 디베이트에서도 반박 순서에 요약 또는 마지막 초점의 기능이 있었지만 혼재한 상태였다. 그런데 퍼블릭 포럼 디베이트에서는 요약과 마지막 초점을 각각 분리·독립해서 구조가 더욱 명료해졌고, 참가자에게 요구하는 지적 자극 또한 분명해졌다.

셋째, 퍼블릭 포럼 디베이트에서는 이전의 '교차 조사'가 '교차 질의'로 바뀌었으며, 또한 입안뿐만 아니라 반박, 요약 순서 다음에도 교차 질의를 배치하여 훨씬 더 다이내믹해졌다.

좀 더 살펴봅시다! **'교차 조사'와 '교차 질의'는 다른가요?**

디베이트에서 질문하는 방식은 교차 조사(cross examination), 교차 질의(cross fire), 보충 질의(point of information, POI) 이렇게 3가지이다. 디베이트 형식마다 채택하는 질문 방식이 다르다는 것을 기억해 두자. 교차 조사와 교차 질의는 비슷해 보이지만 다르다. 다음 그림을 보면서 차이점을 알아보자.

그림 2-3 교차 조사와 교차 질의 비교하기

- 질문자는 질문만, 답변자는 답변만 해야 하므로 주도권이 질문자에게 있다.
- 링컨-더글러스 디베이트, 폴리시 디베이트에서 사용한다.

- 양 팀이 서로 질문·답변할 수 있으므로 주도권도 양 팀 모두에게 있다.
- 반박, 요약 순서 다음에도 교차 질의를 배치해 디베이트가 훨씬 다이내믹하다.
- 퍼블릭 포럼 디베이트에서 사용한다.

교차 조사는 일방적이다. 질문자는 질문만, 답변자는 답변만 해야 한다. 만약 답변자가 질문하면 반칙이다. 그러므로 질문자는 공격하는 위치에, 답변자는 방어하는 위치에 선다. 주도권은 질문자에게 있다.

이에 비해 교차 질의는 양 팀이 서로 질문·답변할 수 있다. 공격과 방어를 겸하므로 주도권도 양 팀 모두에게 있다. 결과적으로 동일한 시공간에서 서로 주도권을 차지하기 위해 애를 쓰므로 디베이트가 훨씬 다이내믹하다. 나아가 이전 디베이트 형식과 달리 교차 질의를 반박과 요약 순서 다음에도 배치하여 디베이트가 전체적으로 훨씬 역동적으로 바뀌었다.

▶ 의회식 디베이트에서 쓰는 질문 방식은 '보충 질의'이다.

디베이트 출발점은 퍼블릭 포럼 디베이트다!

디베이트 형식은 다양하다. 디베이트를 처음 접하면 '이것이 이것 같고, 저것이 저것 같다.'고 푸념한다. 마치 자전거를 처음 본 사람이 '이 자전거나 저 자전거나 매한가지'라고 생각하는 것과 같다.

하지만 자전거는 목적에 따라 여러 종류로 나뉜다. 어린이를 위한 세발자전거가 있고, 거친 들판이나 산을 오르내리는 산악 자전거, 도로에서 빨리 달리는 로드 바이크도 있다. 울퉁불퉁한 곳에서는 세발자전거를 탈 수 없고 어린이에게는 처음부터 로드 바이크를 권할 수도 없다.

디베이트 형식도 목표와 특징이 각각 다르므로 정확히 이해하고 용도에 맞게 선택해야 한다. 디베이트를 처음 시작한다면 퍼블릭 포럼 디베이트가 좋다. 가장 쉽고 순서가 명료하기 때문이다. 어린 학생이나 대학생 이상 성인도 마찬가지다.

퍼블릭 포럼 디베이트로 충분히 훈련하여 기량이 쌓이면 칼 포퍼 디베이트나 의회식 디베이트에 도전해 볼 수 있다.

디베이트 경험이 많은 고등학생 이상으로 좀 더 철학적인 주제에 접근해 보고 싶다면 링컨-더글러스 디베이트에 도전해 보자. 더 나아가 디베이트 경험이 많은 고등학생 이상으로 정부 정책을 정식으로 다뤄 보고 싶다면 폴리시 디베이트에 도전해도 좋다.

그림 2-4 학년별 또는 경험에 따른 추천 디베이트 형식

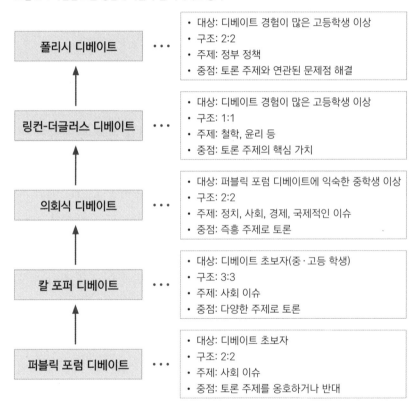

퍼블릭 포럼 디베이트의 변천사

초·중·고등학교 학생들에게 적합한 디베이트 형식으로 지금 가장 널리 쓰이는 퍼블릭 포럼 디베이트(public forum debate)는 2002년 처음 개발한 이후 방식이 조금씩 변경되어 왔다. 퍼블릭 포럼 디베이트의 변천 과정을 잠깐 살펴보자.

표 2-4 퍼블릭 포럼 디베이트의 변천 과정

연도	설명	개정 내용
2002	• NFL에서 처음 개발 • '마지막 초점': 팀당 1분	
2009	1차 개정	• 마지막 초점: 1분 → 2분
2018	디베이트 형식 개선 위원회	• 요약: 2분 → 3분 • 준비 시간: 2분 → 3분

▶ NFL은 2014년 NSDA로 바뀌었다.

2018년 NSDA 이사회에서는 미국 전국 코치들에게 의견을 물어 받은 응답 결과를 2019~2020학년에 시범적으로 실시했으며, 지금은 변경된 안으로 진행하고 있다.
우리나라에서도 한국토론대학이 2022년 5월 코치를 대상으로 진행한 설문 조사 결과, 새로운 형식으로 바꾸는 데 찬성하는 사람이 86.7%이었다. 하지만 기존 형식에 익숙한 코치들도 많아서 당분간 두 가지 방식을 병행하기로 했다.

▶ 2018년 새롭게 개정된 퍼블릭 포럼 디베이트의 형식은 02-1절 80쪽 표 2-3을 참고하기 바란다.

02-2

퍼블릭 포럼 디베이트는 어떤 순서로 진행될까?

《이것이 디베이트 형식의 표준이다!》에서 제공하는 동영상입니다.

퍼블릭 포럼 디베이트를 본격적으로 시작하기 전에 참가할 학생들을 선발해야 한다. 참가자의 기본 구조는 2:2이지만 3:3, 4:4도 괜찮다. 여기에서는 디베이트 수업(debate class)을 중심으로 퍼블릭 포럼 디베이트를 자세히 알아본다. 퍼블릭 포럼 디베이트는 다음 그림처럼 준비 단계를 거쳐 진행된다. 전체 흐름을 살펴보자.

그림 2-5 디베이트 수업의 전체 흐름

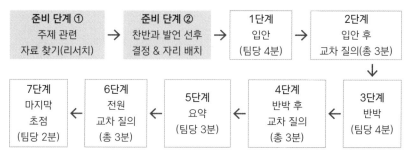

준비 단계 ①: 주제 관련 자료 찾기(리서치)

퍼블릭 포럼 디베이트의 주제는 디베이트 대회를 시작하기 일주일이나 이주일, 또는 한 달쯤 전에 참가자들에게 알려 준다. 주제가 발표되면 참가자는 신문, 잡지, 포털 사이트, 책, 챗GPT 등을 정보원으로 이용해서 관련 자료를 리서치한다. 가장 쉬운 것은 인터넷 검색이다. 구글(www.google.com)이나 네이버(www.naver.com), 다음(www.daum.net) 같은 검색 엔진에서 주제와 관련된 키워드를 입력하면 된다.

예를 들어 '모든 학교는 남녀 공학으로 바꿔야 한다.'라는 주제로 토론한다면 '남녀 공학의 장점', '남녀 공학에 찬성', '남녀 공학에 반대' 등을 키워드로 사용할 수 있다. 그러면 검색 엔진에서는 순식간에 관련 링크 목록을 보여 준다.

다음은 '남녀 공학의 장점'으로 검색한 자료이다. 이 목록을 하나하나 클릭해 토론 주제와 관련된 자료를 찾아서 따로 복사해 둔다.

그림 2-6 구글에서 '남녀 공학의 장점'으로 검색한 결과 화면

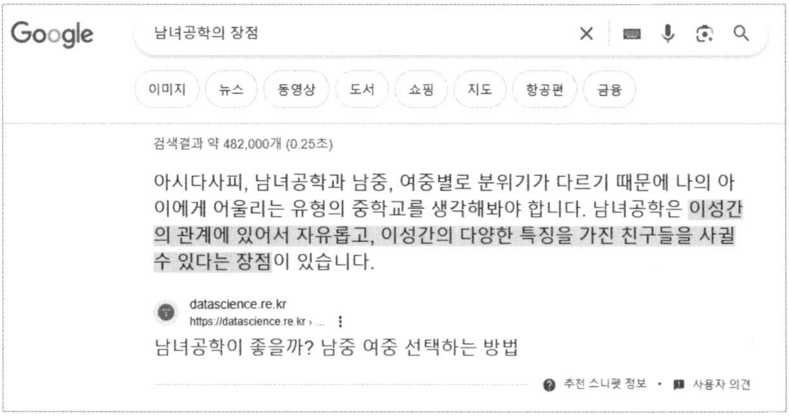

출처: 구글(www.google.com)

네이버나 다음 같은 포털 사이트에 들어가면 해당 주제와 관련된 비슷한 질문을 볼 수 있다. 그 질문마다 사람들이 다양한 답변을 올려놓았는데 이 자료를 읽으면 생생한 현장의 목소리를 들을 수 있다. 최근에는 챗GPT로도 주제와 관련된 자료를 검색해 볼 수 있다.

그림 2-7 '남녀 공학의 장점'을 주제로 챗GPT와 질의응답한 예

 남녀 공학의 장점을 알려 줘.

 남녀 공학(男女共學)은 남성과 여성이 함께 교육과 활동을 할 수 있는 교육 방식을 의미합니다. 이에 따른 장점은 다음과 같습니다:

1. **평등과 인권 증진**: 남녀 공학은 성별에 관계없이 모든 개인에게 교육 및 기회를 제공함으로써 평등한 권리와 기회를 증진시킵니다. 이를 통해 여성의 사회 참여와 경제 참여가 증가할 수 있습니다.

2. **다양성과 인재 확보**: 다양한 성별의 학생들이 함께 공부하고 협력함으로써 다양한 관점과 아이디어를 얻을 수 있습니다. 이는 창의성과 혁신을 촉진하며, 미래 사회를 위한 다양한 인재를 양성할 수 있습니다.

3. **성별 역할 모델 파괴**: 남녀 공학은 전통적인 성별 역할 모델을 파괴하고, 학생들에게 양성의 다양성을 인정하며 자유롭게 자신의 관심과 역량을 개발할 수 있는 기회를 제공합니다.

(… 중략 …)

남녀 공학은 이러한 장점들을 통해 사회적으로 포용적이고 평등한 사회를 구축하고, 다양한 영역에서 긍정적인 영향을 미칠 수 있는 교육 방식으로 간주됩니다.

사실 디베이트를 처음 한다면 이런 리서치를 바로 해내리라고 기대해서는 곤란하다. 이를 배우고 또 익히는 데는 시간이 필요하다. 그래서 초창기에는 디베이트 코치가 관련된 자료 중에서 몇 가지를 골라 제시하는 것도 좋다. 디베이트가 처음인 학생들이 리서치를 어려워한다

그림 2-8 한국토론대학의 디베이트 교재 표지

《디베이트와 함께하는 고교학점제》 통합사회, 통합과학

면 관련 교재를 구매해서 사용하는 것도 한 방법이다. 이런 과정을 거쳐 디베이트에 익숙해지면 직접 리서치할 수 있도록 안내한다.

리서치 작업이 어느 정도 이루어지면 정식으로 워크숍을 한다. 리서치 워크숍은 앞에서 말한 정도의 간단한 리서치가 아니라, 디베이트를 정식으로 할 때 필요한 리서치 방법론을 알려 주는 것이다. 즉, 주제 분석에서 시작하여 예상되는 쟁점 정리와 쟁점별 리서치라는 방법으로 진행한다. 리서치 워크숍은 초보자에게 어려울 수 있으므로 디베이트에 어느 정도 익숙해진 상태에서 진행하는 것이 좋다.

준비 단계 ②: 찬반과 발언 선후 결정 및 자리 배치

퍼블릭 포럼 디베이트의 실제 진행은 동전 던지기로 시작한다. 즉, 디베이트를 시작하기 직전에 동전을 던져 찬성·반대편과 먼저·나중 발언 순서를 정하고 나서 팀별 활동을 20분쯤 한다. 서로 논리를 확인하고 전략을 짤 시간을 주는 것이다. 어떤 경우에는 찬반과 발언 선후

를 일주일 전에 갈라 주기도 한다. 그러고 나서 바로 디베이트를 시작한다. 하지만 평상시 수업에서는 꼭 그렇게 할 필요가 없다. 아직 배우는 단계이기 때문이다. 물론 실제 대회에서는 규칙대로, 그러니까 찬반과 발언 선후를 결정한 뒤 자리에 앉아 바로 시작해야 한다.

▶ 이후 이 책에서 디베이트란 퍼블릭 포럼 디베이트 형식으로 하는 수업을 가리킨다.

동전 던지기의 방법과 중요성 — 찬반과 발언 선후 결정

동전 던지기를 할 때에는 먼저 팀별로 동전의 한 면을 선택한다. 예를 들어 100원짜리라면 100이 써 있는 면(윗면)과 인물이 있는 면(아랫면) 중에서 선택한 뒤, 동전을 던져 윗면을 맞춘 팀이 이긴 팀이 된다.
동전 던지기에서 이긴 팀은 두 가지 중 하나를 선택할 수 있다. 하나는 찬성이든 반대든 지지하고자 하는 쪽을 선택하는 것이고, 다른 하나는 발언 순서에서 '먼저'와 '나중' 가운데 선택하는 것이다. 동전 던지기에서 이긴 팀이 먼저 선택하면, 나머지는 다른 팀에게 돌아간다. 예를 들어 이긴 팀이 찬성을 선택하면, 진 팀은 자연스럽게 반대를 맡는 대신 발언 순서를 선택할 수 있다.

그림 2-9 동전 던지기로 찬반과 발언 선후를 결정하는 모습

자, 이런 절차는 무엇을 의미할까?

첫째, 디베이트 직전에 동전 던지기를 한다는 것은, 그때까지 찬성·반대 중에 어느 편에 설지 모른다는 것을 뜻한다. 그러므로 디베이트 참가자는 사전에 찬성과 반대 모두 준비해야 한다.

둘째, 디베이트에서 찬성·반대는 자신의 의지나 기호에 상관없이 정해진다는 것이다. 아무리 그렇다 하더라도 참가자로서는 좀 더 유리해 보이는 편이 있기 마련이다. 또는 자기 팀이 훨씬 더 공들여 준비해 온 편이 있을 것이다. 반대로 상대 팀에게도 유리하거나 약한 편이 있을 수 있다. 이럴 때 동전 던지기에서 이긴다면 자기 팀에게 유리한 편을 선택할 수 있다. 물론 진 편에게도 기회가 있다. 나머지를 선택할 수 있기 때문이다. 반대 팀을 맡았지만 나중에 이야기하는 편이 유리하다고 판단할 경우 나중 발언을 선택할 수도 있다. 결국 동전 던지기는 참가자들이 디베이트 전략을 결정하는 계기가 된다.

처음에 학생들에게 동전 던지기 결과에 따라 선택하라고 하면 그 의미를 잘 모른다. "우리 팀은 뭐든지 자신 있으니까요, 어느 편이든 좋아요. 저 팀에게 알아서 하라고 하세요."라고 말하는 학생도 있다. 하지만 이렇게 하면 디베이트 초보자이다.

디베이트에 익숙해지면 동전 던지기가 아주 중요하다는 것을 알게된다. 동전 던지기에서 이긴 팀은 찬반과 발언 선후 중에서 대부분 찬반을 고른다. 찬반을 정하는 것이 디베이트 승부에 더 큰 영향을 주기 때문이다.

▶ 디베이트 수업에서는 교사(코치)가 심판 역할을 한다.

동전 던지기에서 진 팀은 발언 선후를 고르는데 보통 '나중'을 고르는 경우가 많다. 역시 '먼저'보다 '나중'이 더 유리하다고 판단하기 때문이다.

자리 배치의 규칙

동전 던지기를 마치고 자리에 앉을 때에도 규칙이 있다. 심판이 연단을 바라볼 때 왼쪽에는 [먼저 발언 팀]이, 오른쪽에는 [나중 발언 팀]이 앉는다. 이렇게 하는 이유는 심판 채점표에 맞추기 위해서이다. 퍼블릭 포럼 디베이트의 기본 자리 배치도와 심판 채점표 예시를 살펴보자. 02-2절에서는 동전 던지기로 주제에 반대하는 팀이 '먼저 발언'을 선택한 것으로 가정하고 설명한다.

▶ 심판이 작성한 채점표 예시는 02-3절 161쪽을 참고하기 바란다.

그림 2-10 퍼블릭 포럼 디베이트의 기본 자리 배치도

그림 2-11 한국토론대학에서 사용하는 심판 채점표 양식

한국토론대학
Debate Institute of Korea

심판 이름: _____ 심판 서명 _____ 조 초등/중등 라운드 1/2

디베이트 주제: _____

팀 이름( ) 찬성/반대	팀 이름( ) 찬성/반대
참가 학생 이름: _____, _____	참가 학생 이름: _____, _____

태도: _____ 태도: _____
디베이트 형식: _____ 디베이트 형식: _____
디베이트 전략: _____ 디베이트 전략: _____
스피치: _____ 스피치: _____

• 5점: 아주 뛰어남 • 3점: 보통 • 1점: 기준 이하

팀 포인트 합계(   ) **팀 포인트 합계(   )**

심판의 코멘트 심판의 코멘트

• •

• •

• •

• •

• •

이번 디베이트에서는 찬성/반대 (   )이(가) 승리했습니다.

1단계: 입안 순서에서 할 일(팀당 4분)

동전 던지기가 끝나면 이제 실제로 디베이트가 시작된다. 가장 먼저 입안(constructive speech)이다. 입안이란 **안건을 세우는 것**을 말한다. 입안에서는 두 팀이 동전 던지기에서 정한 순서대로 첫 번째 발언자가 한 명씩 번갈아 나와 연단에 서서 디

> ▶ '입안'이란 디베이트 형식의 맨 처음 단계로, 디베이트 주제에 찬성하는지 반대하는지 3~4가지 논거를 들어 설명하는 것이다. '입론'이라는 표현을 쓰기도 한다.

베이트 주제에 대한 찬성 또는 반대의 입장을 밝힌다. 동전 던지기에 따라 반대가 먼저 발언할 수도 있다는 점에 유의해야 한다. 입안 발언은 찬반 각각 4분간 진행한다.

퍼블릭 포럼 디베이트에서 입안은 사전에 준비할 수 있다는 게 특징이다. 찬반 두 가지 입안을 미리 준비해서 필요한 내용을 발언하면 된다. 물론 반박, 요약, 마지막 초점 순서도 미리 예상하고 준비할 수는 있다. 하지만 아무리 잘 준비한다 해도 입안 이후 상대 팀의 논리에 대응하는 과정에서 반박이나 요약, 그리고 마지막 초점을 조금씩 수정할 수밖에 없다. 그런데 입안에서는 자신이 준비한 그대로 발언할 수 있으므로 학생들이 가장 쉬워하는 순서이다.

입안 순서 담당자의 역할

입안은 디베이트에서 첫 번째 순서이다. 그런 만큼 심판이나 청중에게 인상적인 메시지를 주는 것이 중요하다. 첫 발언인만큼 모두 관심을 갖고 경청하기 때문이다. 이럴 때 조리 있고 정확하게 논리를 전달하면 좋은 인상을 줄 수 있다. 입안 순서에서는 대개 서론 – 본론 – 결론의 구조로 발언한다.

서론에서는 ① 유인 요소, ② 주제 배경, ③ 용어 정의, ④ 주제 해석, ⑤ 구체적인 입장 표명, ⑥ 핵심어의 예고를 포함한다. **본론**에서는 주제에 대한 찬반 주장의 논거를 서너 가지 제시한다. 마지막으로 **결론**에서는 주제와 핵심어를 다시 한번 제시하고 효과문으로 마무리한다. 앞서 말한 것처럼 논거를 제시할 때는 서너 가지로 요약하는 것이 좋다. 의욕이 지나쳐 여러 가지를 나열해서 주장하면 오히려 역효과가 난다. 사람의 머리는 많은 정보를 한꺼번에 처리할 수 없기 때문이다. 자기 주장의 핵심을 서너 가지로 정리해서 말하는 것이 가장 효과적이다. 이렇게 해야 발언자도 명확히 정리된 상태에서 말할 수 있고, 심판이나 청중도 또렷이 알아들을 수가 있다.

심판의 역할

입안 순서에서 심판은 어떤 점을 주의해야 할까? 심판은 ① 담당자가 주제를 잘 이해하고 있는지, ② 담당자가 자신이 찬반 어느 쪽 편인지 잘 알고 있는지, ③ 입안의 구조에 맞게 잘 발언하는지, ④ 자신의 입장을 적절한 논거로 잘 옹호하는지를 확인해야 한다.

입안 양식 예

다음은 입안 순서에 발언할 때 사용할 수 있는 양식이다.

표 2-5 입안 양식 예

구분	요소	내용
서론	인사 및 입장 표명	안녕하십니까, 오늘 우리는 '_____'라는 주제로 디베이트를 하려고 합니다. 저는 (찬성 팀 / 반대 팀) 입안을 맡은 ○○○입니다.
	유인 요소	
	주제 배경	이 주제가 논란이 되는 배경은_____입니다.
	용어 정의	용어 정의를 하겠습니다.
	주제 해석	우리 팀은 오늘의 주제를 '_____'라고 해석합니다.
	구체적 입장	오늘 우리 팀은 '_____'라는 입장에서 이번 주제에 (찬성 / 반대)합니다.
	핵심어 예고	오늘 우리 팀이 이번 주제에 (찬성 / 반대)하는 이유로 첫째 _____, 둘째 _____, 셋째 _____의 논거를 들어 주장하겠습니다.
본론	논거 1 (핵심어+주장)	첫째, _____
	논거 1의 근거	
	논거 2 (핵심어+주장)	둘째, _____
	논거 2의 근거	
	논거 3 (핵심어+주장)	셋째, _____
	논거 3의 근거	
결론	정리 및 마지막 발언	지금까지 우리 팀은 첫째 _____, 둘째 _____, 셋째 _____의 이유를 들어 오늘 주제인 '_____'에 (찬성 / 반대)했습니다. 여러분, _____. 여러분! 경청해 주셔서 감사합니다.

결론에서는 주제와 핵심어를 다시 제시하고 마무리 효과문을 작성하세요!

실제 진행된 입안 발언 사례

실제 진행된 디베이트의 입안 발언 사례를 살펴보자. '한국에서 노후 생활의 책임은 개인에게 있다.'라는 주제로 중학생들이 참가한 디베이트다. 실제 디베이트 분위기를 느낄 수 있도록 될 수 있는 한 원본 발언을 살려서 정리했다.

이번 디베이트에서는 동전 던지기에서 결정한 대로 주제에 반대하는 [먼저 발언 팀]의 입안 발언부터 살펴보자.

주제 **한국에서 노후 생활의 책임은 개인에게 있다.**

그림 2-12 입안 순서에 [먼저 발언 팀]이 발언하는 모습

표 2-6 [먼저 발언 팀]의 입안 발언 사례 — 반대(4분)

구분	요소	내용
서론	인사 및 입장 표명	안녕하십니까? '한국에서 노후 생활의 책임은 개인에게 있다.'라는 주제로 디베이트를 하려고 합니다. 저는 반대 팀 입안을 맡은 ○○○입니다.
	유인 요소	1988년 우리나라에서 처음 시행된 국민연금제도는 초기에 홍보 부족으로 국민이 이해하는 데 다소 어려움도 있었습니다. 하지만 2023년 현재 규모가 917조 원에 도달하는 등 우리나라에서 가장 중요한 연금 제도입니다.
	주제 배경	모두가 알고 있듯이 국가는 예산을 활용하여 저소득층 노인을 지원하기도 합니다. 최근 저출산 고령화 사회가 진행되면서 이런 식의 지원은 향후 불가능해질 것이라고 합니다. 그래서 '노후 생활의 책임은 개인에게 있다.'라는 주장이 제기되면서 논란이 일고 있습니다.
	용어 정의	용어 정의를 하겠습니다. 이번 주제에서 '노후 생활의 책임'이란 65세 이후 최소한의 인격적 삶을 살 수 있는 경제적 비용에 대한 책임이라고 정의하겠습니다. 또, '개인'이란 국가나 다른 단체의 개입이 없는, 즉 사적 영역이라고 정의하겠습니다.
	주제 해석	우리 팀은 이번 주제를 '한국에서 노후 생활은 국가나 다른 단체의 도움 없이 자기 스스로 책임져야 한다.'라고 해석합니다.
	구체적 입장	오늘 우리 팀은 '국민의 행복은 궁극적으로 국가의 책임'이라는 입장에서 이번 주제에 반대합니다.
	핵심어 예고	이번 주제에 반대하는 이유로, 첫째 비현실성, 둘째 헌법 규정, 셋째 불평등 완화라는 세 가지 논거를 들어 주장하겠습니다.
본론	논거 1 (핵심어+주장)	첫째, 비현실성입니다. 개인이 자신의 노후 생활을 책임진다는 것은 현실적으로 불가능합니다.
	논거 1의 근거	상대 팀에서는 노후 생활의 책임은 개인이 져야 한다고 주장하실 것입니다. 하지만 이것은 현실적으로 불가능하다고 말씀드리고 싶습니다. 앞에서도 말씀드렸듯이 우리나라 사람들은 대부분 국민연금에 가입하고 있습니다. 2022년 국민연금 소득 대체율이 43% 정도 된다고 합니다. 이 수치를 보면 우리나라 사람들이 국민연금에 얼마나 의지하는지를 알 수 있습니다. 이런 상황에서 개인이 노후 생활을 책임진다는 것은 현실적으로 불가능하다는 것을 잘 알아 주셨으면 좋겠습니다.

본론	논거 2 (핵심어+주장)	둘째, 헌법 규정입니다. 헌법에서도 이에 대해 국가 책임을 규정하고 있습니다.
	논거 2의 근거	헌법 제10조 '모든 국민은 인간으로서의 존엄과 가치를 가지며, 행복을 추구할 권리를 가진다. 국가는 개인이 가지는 불가침의 기본적 인권을 확인하고 이를 보장할 의무를 진다.' 헌법 제34조 4항 '국가는 노인과 청소년의 복지향상을 위한 정책을 실시할 의무를 진다.' 이처럼 대한민국의 헌법에서는 국가가 국민의 노후 생활을 책임져야 한다고 말하고 있습니다.
	논거 3 (핵심어+주장)	셋째, 불평등 완화입니다. 국가, 기관 등의 도움으로 사회 불평등을 완화할 수 있습니다.
	논거 3의 근거	소득 재분배란 빈부 격차를 줄이는 방법입니다. 연금에서 소득 재분배란 평균 소득보다 소득이 높은 사람에게는 이자를 적게 주고, 낮은 사람에게는 이자율을 높여서 주는 것입니다. 그 결과 저소득층에게는 국민연금으로 노후 생활을 대비할 수 있도록 한 것입니다. 만약 이런 제도가 사라진다면 노후 생활을 혼자서 책임져야 할 것입니다. 돈이 많은 사람은 가능할지 모르겠지만 평균 소득이 적은 사람은 불가능한 일입니다. 그러므로 우리 팀은 노후 생활을 개인에게 책임지게 한다면 사회에 큰 혼란을 초래할 것이라고 말하고 싶습니다. 노후 생활을 개인이 책임지게 하면 이기적인 사회가 될 것이며, 결국 우리 사회에 큰 혼란을 불러올 것이라는 점을 다시 한번 강조합니다.
결론	정리 및 마지막 발언	지금까지 우리 팀은 첫째 비현실성, 둘째 헌법 규정, 셋째 불평등 완화라는 세 가지 이유를 들어 이번 주제인 '한국에서 노후 생활의 책임은 개인에게 있다.'에 반대했습니다. 여러분! 이제 개인을 보호해 주는 대가족 제도는 사라졌습니다. 그렇다면 헌법에서도 밝혔듯이 국민의 행복은 국가가 책임 져야 합니다. 한국에서 노후 생활의 책임을 국가가 져야 하는 이유가 여기에 있습니다. 경청해 주셔서 감사합니다.

[나중 발언 팀]은 상대 팀의 주장을 경청하고 메모하세요!

이어서 [나중 발언 팀]이 찬성 쪽 입안 발언을 한다.

표 2-7 [나중 발언 팀]의 입안 발언 사례 — 찬성(4분)

구분	요소	내용
서론	인사 및 입장 표명	안녕하십니까? 오늘 우리는 '한국에서 노후 생활의 책임은 개인에게 있다.'라는 주제로 디베이트를 하려고 합니다. 저는 찬성 팀 입안을 맡은 ☆☆☆입니다.
	유인 요소	우리나라가 현재 고령화 사회라는 것을 아시나요? 2021년 10월 발표된 국회예산정책처 자료와 통계청 추계에 따르면 생산 가능 인구 100명이 65세 이상 고령 인구 24.6명을 부양해야 했지만, 2036년엔 51.1명으로 곱절로 늘어납니다. 2067년에는 100.1명으로 생산 가능 인구 1명이 노인 1명을 부양한다고 합니다. 결국 국민연금이 지속되려면 소득이 있는 청장년층의 희생이 불가피하다는 것입니다. 노인과 청장년층의 비율이 빠르게 변화하는 가운데 국가가 개인의 노후 생활을 책임질 수 있겠습니까?
	주제 배경	1950년 이래 미국에서 노인의 기대 수명은 고작 3.45세 높아졌을 뿐입니다. 하지만 이는 연금 비용에 큰 영향을 끼쳤습니다. 독일에서는 20세기 중반 이후 50세 연령층의 기대 수명 증가로 공공 연금 제도의 총비용이 3분의 1 증가했습니다. 즉, 노후에 경제적인 어려움이 예상되기 시작했습니다. 우리나라는 2060년경에 연금이 고갈된다고 전망했습니다. 이런 상황에서 노후 생활의 책임을 국가가 져야 하는지, 개인이 져야 하는지가 논란이 되고 있습니다.
	용어 정의	'노후 생활에 대한 책임'이란 65세 이후 경제 능력을 상실한 뒤 생계 또는 여가나 문화생활을 하는 데 드는 비용이라고 정의하며, 개인은 국가의 상대 개념으로 가족까지 포함해서 정의하는 바입니다. 용어 정리를 잘 하는 것도 실력이죠. 용어 정리를 잘 해야 주제 해석이 정확히 이뤄지기 때문이에요.
	주제 해석	오늘의 주제는 '한국에서 노후 생활의 책임을 공공 부문에서 지는 것이 아니라, 개인이나 가족이 져야 한다.'는 뜻으로 이해합니다.
	구체적 입장	현재 추세로 볼 때 국가가 개인의 노후 생활을 책임지는 것은 불가능하기 때문에 우리 팀은 이번 주제에 찬성하는 바입니다.
	핵심어 예고	우리 팀은 첫째 비현실성, 둘째 경제 악화, 셋째 문제의 본질을 논거로 들어 주장하겠습니다.

본론	논거 1 (핵심어+주장)	첫째, 비현실성입니다. 국가가 책임지는 노후 생활은 현실성이 떨어집니다.
	논거 1의 근거	상대 팀에서도 말했듯이 저출산 고령화로 어려움을 겪는 사회에서 국가가 개인을 책임진다는 것은 비현실적입니다. 국민연금을 유지하려면 현재 소득 수준인 9%를 30% 이상으로 늘려야 합니다. 연금 기금 고갈을 막으려면 지금보다 '더 내고, 덜 받는' 구조로 개혁해야 하지만, 사실 이것만으로는 부실을 피하기 어려운 상황입니다. 여러 대책이나 이론이 나왔지만, 중요한 것은 사회 구조가 이론 그대로 실현될 수는 없다는 것입니다. 모순과 비리가 존재한다는 전제 아래 노후 보장 제도를 유지한다는 것은 사실 비현실적이라는 것을 다시 한번 강조하는 바입니다.
	논거 2 (핵심어+주장)	둘째, 경제 악화입니다. 이런 중대한 문제를 무리해서 진행할 경우 경제 악화를 불러오기 때문입니다.
	논거 2의 근거	저출산과 고령화가 전 세계의 문제로 부상하는 가운데, 2009년 〈베를린 리포트〉에 따르면 독일 납세자 연합회는 '지금도 세금 800억 유로가 연금으로 들어가고 있고, 이는 1년 연방 예산의 25%에 해당한다.'라며 '나중 세대에게 비싼 값을 치르게 하는 잘못된 결정'이라고 밝혔습니다. 나라의 재정 운영에 따라 돈의 가치가 계속 변화하고, 여건이 바뀌면서 경제적인 한계에 직면할 것입니다. 이러한 상황을 고려하지 않고 무리하게 한쪽 면만 보려 든다면 결국에는 경제 악화를 피할 수 없을 것입니다.
	논거 3 (핵심어+주장)	셋째, 문제의 본질를 봐야 한다는 것입니다. 결국 개인 문제에서 최종 책임자는 개인이라는 것입니다.
	논거 3의 근거	우리는 국가 또는 공공 기관과 개인의 관계를 정확히 이해해야 합니다. 자신의 노후는 자신이 책임지는 것이 당연합니다. 국가는 지원하거나 용이하도록 일정 부분에서 책임을 덜어 줄 수는 있습니다. 그러나 중요한 것은, 최종 책임은 자신에게 있다는 것입니다. 국가에게는 조건에 따른 적절한 지원 의무만 있을 뿐입니다. 2012년 부산, 울산, 경남 지역에서 근무하는 3, 40대 공무원 731명을 대상으로 설문 조사를 한 결과, 노후 생활의 1차 책임은 자신 또는 배우자라는 응답이 83.9%였습니다. 국민도 그 책임을 의식하고 있을 뿐 아니라 어느 정도 자각하고 있다는 것입니다. 그러므로 국가와 개인의 관계에서 개인의 노후는 자신이 책임져야 한다고 다시 한번 주장하는 바입니다.

결론	정리 및 마지막 발언	지금까지 우리 팀은 첫째 비현실성, 둘째 경제 악화, 셋째 문제의 본질이라는 세 가지 이유를 들어 '한국에서 노후 생활의 책임은 개인에게 있다.'라는 주제에 찬성했습니다.
		여러분! 영국의 수상이었던 마가렛 대처는 "우리가 아는 사회는 없다."라고 말했습니다. 신자유주의를 상징하는 정치인 대처는 복지에 대한 국가의 역할을 줄이려고 했습니다. 복지는 사회에 의지하지 말고 개인이 알아서 해결하라는 뜻입니다.
		조금 과한 부분은 있으나, 개인이 책임져야 할 일을 공공 부문에 떠맡겨 책임지게 한다면 오히려 우리 사회는 불평과 불만이 가득할 것입니다. 현실적으로 국가가 책임지는 것이 불가능한 상황이므로 개인이 노후 생활을 미리 준비한다면 오히려 우리는 밝은 미래를 기대할 수 있을 것입니다. 감사합니다.

2단계: 입안 후 교차 질의 순서에서 할 일(총 3분)

입안 다음 순서는 교차 질의(crossfire)로 방금 발표한 두 입안 발언자끼리 대결한다. 퍼블릭 포럼 디베이트에서 가장 역동적인 상황이 펼쳐진다. 상대 팀의 발언을 듣고 나서 논리적 허점을 순발력 있게 짧은 질문으로 바로 제시해야 하기 때문이다. 입안 후 교차 질의는 총 3분간 진행한다. 교차 질의 순서에서 발언자는 연단을 중심으로 양 옆에 서 있어야 한다.

교차 질의의 목적은 두 가지다. 하나는 상대 팀의 입안 내용을 확인하는 것이고, 또 하나는 상대 팀 발언의 허점을 지적하기 위한 것이다. 우선 상대 팀의 입안 발언 내용에서 모호한 부분을 체크하는 확인용 질문부터 시작한다. 예를 들어 "국민연금의 미래를 볼 때 개인이 노후를 책임지는 것이 맞다는 뜻이죠?"라는 식으로 말이다. 확인용 질문이 끝나면 상대 팀의 주장이나 논리 근거를 체크하는 반박용 질문을 한다. 예를 들어 "하지만 경제의 양극화로 결국에는 국가가 노후를 책임지는 것이 더 현실성 있는 것이 아닌가요?"라고 말이다.

교차 질의 순서에는 딱 한 가지 규칙만 있다. 첫 번째 질문은 [먼저 발언 팀]의 입안 담당자가 [나중 발언 팀]의 입안 담당자에게 해야 한다는 것이다. 답변을 받은 후엔 어느 편이든 입안 담당자 모두 서로 질문하고 답할 수 있다.

좀 더 살펴봅시다!

'교차 질의'와 '반박'의 차이

입안 후 교차 질의에 이어 반박이 이어진다. 그런데 그동안 교차 질의와 반박의 순서를 구별하기가 힘들다는 질문이 많았다.

우선 교차 질의와 반박은 상대 팀 논리에 공격 기능을 한다는 공통점이 있다. 그런데 방법에서 차이가 있다. **교차 질의**에서는 직전에 입안을 맡은 두 담당자에게 발언권이 있다. 그러니까 같은 시간에 질문과 답변을 서로 교환하면서 진행한다. 그래서 교차(cross) 질의(fire)가 된다.

이에 비해 **반박** 순서에서는 온전히 해당 담당자만 발언할 수 있다. 시간도 약간 다르다. 교차 질의는 두 팀 합해서 총 3분 동안 진행하고, 반박은 두 팀 각각 온전히 4분씩 한다. 목적도 다르다. 교차 질의 순서에서는 앞에서 설명했듯이 상대 팀의 입안을 듣고 확인용 질문을 먼저 한 뒤에 공격 질문을 하지만, 반박 순서에서는 교차 질의한 내용을 근거로 오로지 반박만 한다.

교차 질의 순서에서 질문은 상대 팀의 논리 허점을 지적하는 데 초점을 맞추는 것이 좋다. 자신이 모르는 것을 물어보는 것으로 이해해서는 곤란하다. 예를 들어 개인이 노후를 책임지는 것을 옹호하는 팀의 입안을 맡은 담당자에게 "우리나라에서 국민연금이 언제 시작되었죠?" 또는 "우리나라 노인 빈곤율이 얼마이지요?"라는 식으로 질문하면 안 된다는 것이다. 그런데 토론 현장에서는 이런 질의응답이 오가는 바람직스럽지 못한 경우를 볼 수 있다.

결과적으로 교차 질의를 자기 팀의 입장을 옹호하고 상대 팀을 반박하는 방식으로 사용하면 좋은 점수를 받을 수 있다.

교차 질의 순서에서 좋은 점수를 받는 요령

질문과 대답을 요점만 잘 정리해서 간결하게 발언하는 것이다. 교차 질의 시간 3분 동안 질문 하나를 하는 데 1분 40초를 사용하는 토론자도 있다. 이렇게 하면 질문 내용과 상관없이 심판에게 좋지 않은 인상을 줄 수 있다. 답변도 마찬가지다. 좋은 점수를 받고 싶다면 간략하고 요점이 분명한 질문, 효과적이고 설득력 있고 간명하게 답변하는 것이 좋다. 3분 동안 진행되는 입안 후 교차 질의에서 질문-답변은 20개쯤 주고받는 것을 추천한다.

교차 질의가 과열되면 상대 팀의 발언을 서로 무시하는 모습이 나타나는데, 이를 '바벨탑 현상'이라고 한다. 성경의 바벨탑 이야기에서는 서로 다른 언어를 사용하는 사람들이 떠드는 모습이 표현되어 있는데, 입안 후 교차 질의에서도 열을 올리며 발언하다가 상대 팀이 주장하는 내용과 겹쳐 중구난방으로 떠드는 모습과 비슷해서 붙은 명칭이다. 바벨탑 현상은 디베이트 초보일 때 간혹 범하는 오류이다.

디베이트는 상대방을 존중하는 정신을 배우는 과정이다. 그러므로 상대방이 말할 때 경청하는 태도는 필수다. 교차 질의에서 무례하게 굴면 심판은 점수를 깎는다. 또, 교차 질의에서 발언 시간을 많이 차지하면 좋은 점수를 받을 것이라고 오해해서는 곤란하다. 발언의 양보다 발언의 질을 우선시하기 때문이다.

결국 교차 질의에서 지루하거나 무례하거나 요점이 없거나 상대방을 방해하거나 비난하는 발언은 모두 감점 대상이다. 그러니 많이 발언하기 위해 노력하기보다 요점만 추려서 간결하게 발언하는 데 역점을 두어야 한다.

심판의 역할

입안 후 교차 질의에서 심판은 어떤 점을 주의해야 할까? 심판은 ① 질문자가 상대 팀의 주장을 잘 이해하고 있는지, ② 자기 팀의 입장과 비교했을 때 차이점을 알고 있는지, ③ 자기 팀의 입장에서 상대 팀의 논리를 적절하게 공격하고 있는지, ④ 상대 팀의 질문에 적절하게 답하는지를 확인해야 한다. 심판은 평가만 할 뿐 토론을 방해해서는 안 된다.

입안 후 교차 질의 발언할 때 점검하기

상대 팀의 입안을 들을 때 체크할 항목과 그에 따른 질문 예시를 정리해 보았다. 이렇게 하면 질문할 내용이 많아진다.

표 2-8 입안 후 교차 질의 발언할 때 체크 사항

구분	요소	내용
서론	유인 요소	• 상대 팀의 유인 요소가 상대 팀 입장에 적절했는가? ⑩ 말씀하신 유인 요소는 오늘의 주제와 어떻게 연관되어 있나요?
	주제 배경	• 상대 팀이 주제 배경을 빼먹었는가? ⑩ 주제 배경을 말씀하지 않았습니다. 이번 주제의 배경이 뭐라고 생각하십니까? • 상대 팀이 주제 배경을 적절하게 설명했는가? ⑩ 말씀하신 주제 배경이 이번 주제와 적절하게 관련되어 있다고 보십니까?
	용어 정의	• 상대 팀이 용어 정의를 빼먹었는가? ⑩ 오늘 주제의 핵심어인 ***은(는) 무엇을 뜻한다고 생각하십니까? • 상대 팀이 용어 정의를 올바르게 했는가? ⑩ 말씀하신 용어 정의가 자의적인 것 같습니다. 우리 팀처럼 ***(이)라고 정의해야 하지 않을까요?

서론	주제 해석	• 상대 팀이 주제 해석을 빼먹었는가? 　例 주제 해석을 말씀하시지 않았습니다. 이번 주제를 어떻게 해석하십니까? • 상대 팀이 주제 해석을 올바르게 했는가? 　例 말씀하신 주제 해석이 자의적인 것 같습니다. 우리 팀처럼 ***(이)라고 해석해야 하지 않을까요?
	구체적 입장	• 상대 팀이 구체적 입장을 빼먹었는가? 　例 오늘 주제에 (찬성/반대)하는 구체적인 입장은 무엇입니까? • 상대 팀이 구체적인 입장을 올바르게 밝혔는가? 　例 말씀하신 구체적인 입장이 정말 맞다고 생각하십니까?
	핵심어 예고	• 상대 팀이 핵심어 예고를 빼먹었는가? 　例 다음부터는 핵심어로 논거 예고를 해주시길 요청드립니다.
본론	논거의 핵심어	• 상대 팀의 핵심어 예고가 적절했는가? 　例 이후 논거를 들어 보니, 오히려 핵심어는 *****(이)라고 바꿔야 할 것 같습니다. 동의하십니까?
	논거의 주장	• 상대 팀의 주장이 명료한가? 　例 주장이 이해되지 않습니다. 다시 간략히 정리해 주십시오. • 상대 팀의 주장이 사실인가? 　例 그 주장이 사실입니까?
	논거의 근거	• 상대 팀의 근거가 명료한가? 　例 근거가 이해되지 않습니다. 다시 간략히 정리해 주십시오. • 상대 팀의 근거가 사실인가? 　例 그 근거가 사실입니까? • 상대 팀의 주장과 근거가 명료해 보일지라도 그 근거가 주장을 입증할 수 있는가? 　例 주장과 근거가 사실인 것은 인정합니다. 그런데 그 근거가 여러분의 주장을 입증한다고 생각하는 이유는 무엇입니까?
결론	마무리 효과문	• 상대 팀의 마무리 효과문 내용이 적절한가? 　例 마무리 효과문의 내용이 전제 흐름으로 볼 때 적절하다고 생각하십니까?

> 처음에 질문하기가 힘들면 입안문의 구조를 떠올리세요. 그리고 순서마다 제대로 된 발언이 이어지는지 확인하면 질문을 만들어 낼 수 있어요.

> 상대방이 말할 때 경청하는 태도가 중요해요. 교차 질의에서 무례하면 심판은 점수를 깎아요.

실제 진행된 입안 후 교차 질의 발언 사례

앞서 소개한 '한국에서 노후 생활의 책임은 개인에게 있다.'라는 주제로 입안한 후 교차 질의는 다음과 같이 이뤄졌다. 반대하는 [먼저 발언 팀]과 찬성하는 [나중 발언 팀]의 입안 후 교차 질의 발언 사례를 살펴보자. 주제에 반대하는 [먼저 발언 팀]의 발언부터 시작한다.

그림 2-13 입안 후 교차 질의 순서에 발언하는 모습

그림 2-14 입안 후 교차 질의 발언 사례

상대 팀께서 찬성 입안 발언에서 논거 2로 경제 악화를 들면서, 독일에
서는 세금 800억 유로가 들었다고 말씀하셨는데, 그렇다면 독일은 연
금제도를 폐지했습니까?

아니요.

그럼 이렇게 세금이 많이 들었는데도 연금 제도를 중단하지 않았다는
것은 그만큼 가치가 있기 때문이라고 이해할 수 있지 않습니까?

우리 팀은 조금 다른 측면으로 이해합니다. 독일에서는 이미 엄청난 자
금을 국민연금에 지원하고 있지만, 상황이 더 악화되면 이도저도 못 하
는 상황이 될 것이라는 것입니다.

하지만 우리 팀의 입안 순서에서 말씀드렸듯이, 연금 제도를 폐지하는 것
은 저소득층이나 가난한 사람들에게는 자신이 노후 생활을 책임지게 하
는 것입니다. 이는 현실적으로 불가능하다고 말씀드리고 싶습니다.

우리 팀도 찬성 입안 발언에서 논거 2로 말씀드렸듯이, 국가에서 세금
으로 개인의 노후 생활을 책임지려면 천문학적인 자금이 필요하니 현
실적으로 불가능하다고 주장하는 바입니다.

하지만 개정안을 보면 연금 고갈 시점이 2033년에서 2060년으로 늦
출 수 있다고 합니다. 이렇게 단계적으로 바꿔 나가면 연금 고갈 시점
을 늦출 수 있다고 말씀드리고 싶습니다.

우리 팀이 강조하는 것은, 사회 구조가 이미 이를 시행할 수 없는 상태
가 되었다는 것입니다. 게다가 연금 운영 과정에서 비리가 발생할 수도
있습니다. 그러므로 앞에서 말씀하신 연금 고갈 시점을 늦출 수 있다는
목표가 정말로 실현될 수 있을지는 아무도 모르는 일 아닙니까?

반대 먼저 발언 팀

연금 운영 과정에서 비리가 발생할 수도 있다고 말씀하셨는데, 이것은 성급한 일반화의 오류라고 생각합니다.

 찬성 나중 발언 팀

어떻게 그렇게 생각하십니까?

> 교차 질의는 서로 질의응답하는 순서이므로 상대방의 질문에 대답만 하기보다 적극적으로 질문해야 더 좋은 평가를 받을 수 있어요.

 반대 먼저 발언 팀

연금 운영 과정에서 비리가 꼭 발생한다는 근거는 없지 않습니까?

 찬성 나중 발언 팀

비리는 존재할 수 있으니까요. 비리가 발생하지 않는다는 근거가 있으십니까?

> 시간이 종료되었습니다!

 반대 먼저 발언 팀

없습니다.

3단계: 반박 순서에서 할 일(팀당 4분)

교차 질의에 이어 반박(rebuttal) 순서가 시작된다. 이제 두 번째 토론자가 나와서 발언한다. 두 번째 토론자는 첫 번째 토론자보다 부담이 크다. 첫 번째 토론자는 준비한 입안 그대로 찬성과 반대를 나누어 각각 발언하면 된다. 그런데 두 번째 토론자는 상대 팀의 첫 번째 토론자가 발언한 내용을 분석해서 반박해야 한다. 또, 교차 질의에서 상대 팀이 제기한 공격도 효과적으로 방어해야 한다. 만약 새롭게 제시할 주장이 있다면 이 단계에서 발표해야 한다.

반박 순서 담당자의 역할

그래서 반박은 입안보다 어려운데 이를 즐기는 학생도 많다. 특히 남학생이 그렇다. 그 이유를 물어 보면 "논리를 통해 상대방을 공격하는 것이 재미있어요."라고 말한다. 반박은 찬반 각각 4분씩 진행한다.

반박 역시 서론 - 본론 - 결론의 구조로 말하는 것이 좋다. 그러니까 **서론**에서는 상대 팀의 입안을 요약하고, **본론**에서는 상대 팀의 입안을 조목조목 반박한다. 이때 반박하지 않고 생략하면 심판과 청중은 상대 팀과 같은 의견인 것으로 간주하니, 빠짐없이 반박하는 것이 좋다. 이어 **결론**에서는 반박한 내용을 요약하거나 자신의 팀에서 주장하는 것을 추가로 보충해서 설명한다.

심판의 역할

심판은 반박 순서에서 어떤 점을 주의해야 할까? 심판은 ① 토론자가 상대 팀의 입안 내용을 잘 이해하고 있는지, ② 두 팀의 논거에 각각 합리적인 이유를 들어 잘 반박하는지를 확인해야 한다.

반박 양식 예

다음은 반박 순서에 발언할 때 사용할 수 있는 양식이다.

표 2-9 반박 양식 예

서론	안녕하십니까? 오늘 주제인 '_____'에 대해 (찬성/반대)하는 팀에서 반박을 맡은 ○○○입니다. 상대 팀께서는 오늘 주제에 (찬성/반대)하시면서 크게 세 가지 논거를 들었습니다. 첫 번째 논거는 _____ 였고, 두 번째 논거는 _____ 였고, 세 번째 논거는 _____ 였습니다. 하지만 우리 팀은 상대 팀의 논거에 동의할 수 없습니다. 그 이유를 지금부터 하나씩 말씀드리겠습니다.
본론	첫째, 상대 팀의 첫 번째 논거는 _____ 였는데, 우리 팀은 동의할 수 없습니다. 왜냐하면 _____ 때문입니다. 둘째, 상대 팀의 두 번째 논거는 _____ 였는데, 우리 팀은 동의할 수 없습니다. 왜냐하면 _____ 때문입니다. 셋째, 상대 팀의 세 번째 논거는 _____ 였는데, 저희는 동의할 수 없습니다. 왜냐하면 _____ 때문입니다.
결론	결론적으로 우리 팀은 상대 팀의 주장에 대해 첫째, _____ 라는 이유로, 둘째, _____ 라는 이유로, 셋째, _____ 라는 이유로 반박합니다. 이어서 우리 팀의 보충 설명을 하겠습니다. (1) 우리가 보충하고 싶은 논거는 _____ 입니다. (2) 상대팀의 반박에 대한 재반박은 _____ 입니다.

실제 진행된 반박 발언 사례

앞서 소개한 '한국에서 노후 생활의 책임은 개인에게 있다.'를 주제로 한 디베이트에서 교차 질의 후 반박 사례는 다음과 같이 이뤄졌다. 반대하는 [먼저 발언 팀]과 찬성하는 [나중 발언 팀]의 교차 질의 후 반

박 발언 사례를 차례로 살펴보자. 주제에 반대하는 [먼저 발언 팀]의
반박 발언부터 살펴보자.

그림 2-15 반박 순서에 [먼저 발언 팀]이 발언하는 모습

표 2-10 [먼저 발언 팀]의 반박 발언 사례 ─ 반대(4분)

서론	안녕하십니까? '한국에서 노후 생활의 책임은 개인에게 있다.' 라는 주제에 반대하는 팀에서 반박을 맡은 △△△입니다. 먼저 찬성 쪽 입안 내용을 정리해 드리겠습니다. 오늘 상대 팀은 첫째 비현실성, 둘째 논거로 경제 악화, 셋째 문제의 본질이라는 세 가지 논거를 들어 이번 주제에 찬성 의견을 해주셨습니다. 하지만 우리 팀은 상대방의 논거에 동의할 수 없습니다. 그 이유를 지금부터 하나씩 말씀드리겠습니다.

> 반박의 서론에서 심판은 디베이터가 상대방의 발언을 잘 이해하고 있는지를 평가해요. 핵심어를 중심으로 상대방의 입안을 정리하는 것이 좋아요.

첫 번째로, 상대 팀께서는 연금이 고갈될 것이고, 비리가 존재한다는 전제 하에 국가가 책임지는 노후 생활은 현실성이 떨어진다고 주장하셨습니다. 하지만 우리 팀은 이에 동의할 수 없습니다.

왜냐하면 우리나라는 이미 여러 가지 개혁안을 통해 연금 고갈 시점을 2033년에서 2060년 이후로 미뤄 놓은 상태입니다. 1988년 연금의 평균 소득 70% 지급에서 소득 대체율을 60%로 낮추고, 연금받는 연령을 2033년까지 65세로 단계적으로 올리는 개혁안을 마련하여 연금 고갈 시점을 2033년에서 2047년까지 미뤄 놓았습니다. 또한 2007년 연금을 60%에서 50%로 낮추고, 매년 0.5%씩 지급액을 줄여 2028년에는 40%로 낮추는 내용의 개정안이 국회를 통과했고, 이로써 국민연금 고갈 시점이 2060년으로 연장되었습니다. 그러므로 앞으로 더 나은 개정안이 나와 연금 고갈 시점을 좀 더 늦출 수 있을 것으로 예측하는 바입니다.

또한 상대 팀께서는 비현실성의 논거를 들어 반대하셨지만, 우리 팀에서 주장하는 비현실성이 더 고려할 만하다고 생각합니다. 상대 팀께서 주장하는 비현실성은 충분히 발전시켜 극복할 수 있는 문제이지만, 우리 팀이 논거로 제시한 비현실성은 당장 노인의 생활과 관련된 문제이므로 더 고려해야 한다고 생각합니다.

두 번째로, 상대 팀께서는 경제 악화라는 논거를 들어 주시면서, 독일 납세자 연합회의 말을 인용하여 경제적인 한계에 직면하면 결국 경제 악화를 불어올 것이라고 주장하셨습니다. 하지만 우리 팀은 이에 동의할 수 없습니다.

왜냐하면 독일 또는 스웨덴 같은 몇몇 유럽 국가는 전 세계가 인정하는 복지 국가입니다. 스웨덴은 세계 3위 안에 드는 초고령 사회로 2008년 기준 65세 이상 노인 인구는 전체 인구의 약 18%를 차지합니다. 스웨덴에서는 이렇게 많은 노인들이 현재 국가의 지원에 의존하고 있는 상태인데, 만약 노후 생활의 책임을 개인에게 돌린다면 노인들의 생활은 누가 책임져 줄까요?

또한 우리나라의 노인 빈곤율은 2021년 현재 전체 노인 인구의 38% 수준으로 OECD 회권국 가운데 가장 높습니다. 결국 우리나라의 많은 노인들이 국민연금 또는 국가의 지원에 의존하고 있습니다. 이러한 상황에서 노후 생활의 책임을 개인에게 돌린다면 노인들의 버팀목이 되어 주었던 국가의 지원이 끊어질 것이고, 결국에는 상대 팀께서 주장하시는 경제 악화라는 부작용보다 더 큰 파장을 불러올 것입니다.

> 합리적인 근거를 제시하면서
> 상대 팀 논리의 허점을 지적하세요.

본론	마지막으로 상대 팀께서는 문제의 본질이라는 논거를 들어 주시면서, 노후 생활에 대한 인식 조사에서 우리나라 국민도 노후의 일차적인 책임이 본인 혹은 배우자에게 있다는 응답이 높은 수치로 나왔다고 말씀해 주셨습니다. 결국 개인 문제의 최종 책임자는 개인이라고 주장하셨는데 우리 팀은 이에 동의할 수 없습니다. 우선 자신의 인생에 대한 책임은 개인이 지는 것이라는 점은 동의합니다. 하지만 과연 그러한 간단한 결론을 얻기 위해 오늘 우리가 토론하는 것일까요? 주제 배경에서도 설명했듯이 오늘 주제의 문제 의식은 저출산 고령화로 노후 생활의 기존 대책이 의문시되는 과정에서 과연 그 책임을 누가 지느냐에 관한 것입니다. 특히 저출산 고령화 문제가 사실은 경제 양극화에서 비롯되었다는 것을 생각한다면 이 단계에서 개인에게만 책임을 지운다면 그 결과는 개인뿐만 아니라 공동체까지도 파장을 일으킬 것입니다. 이런 상황에서 '결국에는 개인의 책임'이라는 말이 설득력을 갖는지 의문입니다. 오히려 이기적이라는 평을 받지 않을까요?
결론	결론적으로 우리 팀은 상대 팀의 주장에 대해 다음 세 가지 이유로 반박합니다. 첫째, 연금제도 개혁을 통해 문제점을 해결해 나갈 수 있으며, 개인의 비현실성을 더욱 생각해야 합니다. 둘째, 노후 생활의 책임을 개인에게 전가한다면 훨씬 더 큰 혼란이 올 것입니다. 셋째, 개인 문제는 개인에게 책임이 있다는 말은 공동체의 책임을 외면한 이기적인 입장입니다. 그러므로 '한국에서 노후 생활에 대한의 책임은 개인에게 있다.'라는 주제에 다시 한번 반대하는 바입니다. 감사합니다.

이어서 [나중 발언 팀]이 찬성 입장에서 반박 발언을 한다.

표 2-11 [나중 발언 팀]의 반박 발언 사례 — 찬성(4분)

서론	안녕하십니까? '한국에서 노후 생활의 책임은 개인에게 있다.'라는 주제에 찬성하는 팀에서 반박을 맡은 □□□입니다. 상대 팀의 논거를 다시 한번 짚고 넘어가자면, 첫째 비현실성으로 2022년 현재 우리나라의 경우 국민연금 소득 대체율이 43% 정도라고 했고, 둘째 헌법적 근거로 이 주제에 대하여 헌법에서도 국가에 책임이 있다고 규정하고 있다고 했으며, 셋째 불평등 완화의 효과로 연금의 소득 재분배 효과를 통해 사회 불평등을 완화할 수 있다고 말씀해 주셨습니다. 하지만 우리 팀은 상대 팀의 논거에 동의할 수 없습니다. 그 이유를 지금부터 하나씩 말씀드리겠습니다.

본론	첫째, 상대 팀의 첫 번째 논거로 비현실성을 들어, 2022년 현재 우리나라의 국민연금 소득 대체율이 43% 정도라고 했는데, 우리 팀은 이에 동의할 수 없습니다. 왜냐하면 우선 상대 팀은 국민연금 사이트 설문 조사를 예로 들었는데요. 한 신문 기사에 따르면, 우리나라 노인의 근로 사업 소득 비중이 49.9%로 절반에 달했습니다. 그러므로 상대 팀이 주장하셨던 우리나라 국민이 국민연금에 의지하고 있다는 점은 틀렸다는 것을 알 수 있습니다. 게다가 2050년에는 노인 인구 비율이 39%에 달하고 2100년에는 한반도 인구가 절반으로 준다고 합니다. 이는 국가가 노후 생활을 점점 책임지기 어려워져 간다는 것을 알 수 있습니다. 국민연금재정추계위원회 자료에 따르면, 현재 저출산 고령화 속도로 볼 때 2060년에는 국민연금 기금이 모두 고갈된다고 합니다. 따라서 생산 가능 인구도 현재 소득 9% 수준인 국민연금 납입금을 30% 이상으로 늘려야 하는데, 이는 사실 불가능합니다. 따라서 상대 팀이 주장하는 비현실성보다 우리 팀이 주장하는 비현실성이 더 심각한 문제라고 주장하는 바입니다. 둘째, 상대 팀의 두 번째 논거로 헌법 규정을 들어, 헌법에서도 이에 대한 국가의 책임을 규정하고 있다면서 헌법 제10조, 그리고 헌법 제34조 4항을 말씀해 주셨는데, 우리 팀은 이에 동의할 수 없습니다. 이는 우리 팀의 세 번째 논거로 반박할 수 있습니다. 결국 개인 문제의 최종 책임자는 개인이라는 것입니다. 그러므로 국가에게는 조건에 따른 적절한 지원 의무만 있을 뿐 책임질 의무는 없습니다. 개인이 책임져야 할 부분을 공공 부문에 떠넘긴다면 오히려 우리 사회는 불평과 불만이 가득할 것입니다. 현실적으로 국가가 책임지는 것이 불가능한 상태라는 것을 알고 개인이 미리 준비한다면 오히려 밝은 미래를 보장받을 수 있을 것입니다. 셋째, 상대 팀의 세 번째 논거는 불평등 완화로 소득 재분배 효과가 나타난다는 것이었는데요, 우리 팀은 이에 동의할 수 없습니다. 한 논문에 따르면, 소득이 높을수록 미래 세대로부터 무료 보조금이라고 할 수 있는 순 연금 소득을 받는 혜택이 크다고 합니다. 따라서 보험료가 수지 균형 보험료에 가까운 수준으로 인상되기 전까지는 어떤 소득 계층도 기여한 것보다 많은 것을 받을 수 있으므로 고소득 계층에서 저소득 계층으로, 근로자에서 자영업자에게로 소득 이전이 일어나는 것은 아니라고 합니다. 한마디로 말해 연금을 통해 소득 재분배 효과를 기대하기는 어렵다는 것입니다.
결론	결론으로 우리 팀은 상대 팀의 비현실성, 헌법 규정, 불평등 완화란 논거에 대해, 첫째 우리 팀의 비현실적인 측면이 훨씬 더 중요하다, 둘째 국가는 지원 의무만 있을 뿐 책임질 의무는 없다, 셋째 실제로 소득 재분배 효과가 나타나지 않는다는 이유를 들어 반대 팀 주장에 반박합니다.

반박의 결론에서는 보충 설명으로
팀의 입장을 보강해도 돼요.

4단계: 반박 후 교차 질의 순서에서 할 일(총 3분)

반박에 이어 두 번째 교차 질의(cross between second speech)가 진행된다. 이번 교차 질의 역시 직전에 발언했던 두 사람, 그러니까 반박을 담당했던 각 팀의 두 번째 토론자가 담당한다. 양 팀 토론자는 교차 질의를 진행하는 동안 단상을 중심으로 서 있어야 한다.

요령은 첫 번째 교차 질의할 때와 같다. 하지만 이미 교차 질의와 반박을 한 차례 거쳤으므로 이를 감안해서 질의응답을 해야 한다. 이번 교차 질의에서는 주로 상대 팀이 반박한 내용을 중심으로 이뤄진다. 반박 후 교차 질의는 총 3분간 진행한다.

심판의 역할

반박 후 교차 질의에서 심판은 어떤 점을 주의해야 할까? 심판은 ① 질문자가 상대 팀의 주장을 잘 이해하고 있는지, ② 상대 팀 반박의 허점을 잘 이해하고 있는지, ③ 자기 팀의 입장에서 상대 팀의 반박에 적절하게 재반박하고 있는지, ④ 상대 팀의 질문에 잘 대응하고 있는지를 확인해야 한다. 심판은 평가만 할 뿐 토론을 방해해서는 안 된다.

반박 후 교차 질의 발언할 때 점검하기

상대 팀의 반박을 들으면서 다음처럼 체크하면 질문할 내용이 많아진다. 이 밖에 입안 순서에서 미진했던 부분도 질문할 수 있다.

표 2-12 반박 후 교차 질의 발언할 때 체크 사항

서론		• 상대 팀은 우리 팀의 주장을 잘 이해하고 있는가? ㉠ 상대 팀의 반박 서론을 들어 보니 우리 팀의 입장을 잘못 이해하신 것 같습니다. 우리 팀의 주장은 ＿＿＿＿＿＿＿＿＿인데, 왜 그리 말씀하셨습니까?
본론	논거 1	• 상대 팀의 반박 주장이 사실인가? ㉠ 우리 팀의 첫 번째 주장에 대해 ＿＿＿＿＿＿(이)라고 반박하셨는데, 이것은 사실이 아닙니다. 왜냐하면 ＿＿＿＿＿＿이기 때문입니다. 동의하십니까? • 상대 팀이 반박한 근거가 사실인가? ㉠ 우리 팀의 첫 번째 주장에 대한 반박 근거로 ＿＿＿＿＿을(를) 들었는데, 이것은 사실이 아닙니다. 왜냐하면 ＿＿＿＿＿이기 때문입니다. 동의하십니까?
	논거 2	• 상대 팀의 반박 주장이 사실인가? ㉠ 우리 팀의 두 번째 주장에 대해 ＿＿＿＿＿＿(이)라고 반박하셨는데, 이것은 사실이 아닙니다. 왜냐하면 ＿＿＿＿＿이기 때문입니다. 동의하십니까? • 상대 팀이 반박한 근거가 사실인가? ㉠ 우리 팀의 두 번째 주장에 대한 반박 근거로 ＿＿＿＿＿을(를) 들었는데, 이것은 사실이 아닙니다. 왜냐하면 ＿＿＿＿＿이기 때문입니다. 동의하십니까?
	논거 3	• 상대 팀의 반박 주장이 사실인가? ㉠ 우리 팀의 세 번째 주장에 대해 ＿＿＿＿＿＿(이)라고 반박하셨는데, 이것은 사실이 아닙니다. 왜냐하면 ＿＿＿＿＿이기 때문입니다. 동의하십니까? • 상대 팀이 반박한 근거가 사실인가? ㉠ 우리 팀의 세 번째 주장에 대한 반박 근거로 ＿＿＿＿＿을(를) 들었는데, 이것은 사실이 아닙니다. 왜냐하면 ＿＿＿＿＿이기 때문입니다. 동의하십니까?
결론		• 반박의 결론을 잘 정리하고 있는가? ㉠ 본론에서 말한 반박의 내용과 결론에서 말한 내용이 다릅니다. 인정하십니까?

▶ **논거**(warrant)란 주장과 근거를 연결해 주는 논리적 근거를 말하고, **근거**(ground)란 주장이 타당하다는 것을 설득하는 도구나 방법을 뜻한다.

실제 진행된 반박 후 교차 질의 발언 사례

앞서 소개한 '한국에서 노후 생활의 책임은 개인에게 있다.'를 주제로 한 디베이트에서 반박 후 교차 질의는 다음과 같이 이뤄졌다. 교차 질의 순서에서는 연단의 토론자끼리만 질의응답할 수 있다. 반대하는 [먼저 발언 팀]과 찬성하는 [나중 발언 팀]의 반박 후 교차 질의 발언 사례를 살펴보자. [먼저 발언 팀]의 발언부터 시작한다.

그림 2-16 반박 후 교차 질의 순서에 발언하는 모습

그림 2-17 반박 후 교차 질의 발언 사례

상대 팀께서는 자신이 주장한 비현실성이 더 크다고 하셨는데, 저희가 조사한 바에 따르면, 우리나라의 노인 빈곤율은 2021년 현재 전체 노인 인구의 38% 수준으로 OECD 회원국 중 가장 높습니다. 이는 복지가 잘 실천되고 있는 나라와는 비교조차 할 수 없는 수치인데요, 어찌해서 자신이 주장한 비현실성이 더 고려할 만하다고 생각하는지 말씀해 주십시오.

상대 팀이 주장한 바에 따르면, 연금의 소득 대체율이 43%라고 말씀하셨습니다. 맞습니까?

예. 맞습니다.

> 질문할 때에는 상대 팀의
> 논리 허점을 지적하는 데
> 초점을 맞추세요!

앞에서 노인들이 연금에 의지한다고 말씀해 주셨는데, 이 자료에 따르면 연금의 소득 대체율이 43%이라는 것은 노인의 빈곤율이 높다는 뜻입니다. 그렇다면 연금의 문제점이 드러난 것 아닙니까?

그래서 우리 팀이 주장하는 것은 43%가 되는데도 노인의 빈곤율이 이 정도인데, 현재 상대 팀에서 주장하시는 대로 노후 생활의 책임을 개인에게 돌린다면 이 연금마저 끊어질 될 것이므로 노인의 빈곤율이 더 높아질 것이라고 예측할 수 있습니다.

노인의 근로 사업 소득 비중이 거의 50%에 달합니다. 그리고 이처럼 노인의 일자리를 점점 마련해 간다면 이 정도 수치는 가능할 것으로 예상됩니다. 만약 연금에 사용할 경제적인 여력을 다른 곳에 쓴다면 더 좋은 효과를 낼 수 있다고 생각합니다.

하지만 연금의 소득 대체율이 43%인데도 우리나라 노인 빈곤율이 세계적으로 높다는 것은 결국 노인들이 하는 근로 사업 같은 것이 큰 돈을 벌 수 있는 것이 아니라는 것입니다. 소득이 매우 적은, 노후 생활에 필요한 것을 충분히 충족해 주지 못하는 일을 하고 있다는 것을 의미한다고 생각합니다.

소득 대체율이 43%라고 했는데 거의 절반 수준이고, 노인의 근로 사업 비중도 거의 절반에 달합니다. 둘 다 거의 비슷한데, 노인의 근로 소득이 적다고는 말할 수는 없다고 생각합니다.
다음 질문으로 넘어가겠습니다. 상대 팀께서 책임과 관련해 국가 지원을 약간 포함하는 것으로 말씀하셨는데요, 이렇게 되면 개인도 약간의 책임을 지므로 노후 생활의 책임은 개인에게 있다는 것을 찬성하는 입장 아닙니까?

우리 팀이 말씀드리고 싶은 것은 개인도 약간의 책임을 져야 한다는 것입니다. 자신의 노후 생활을 위해서 국가가 모든 것을 지원해 줄 수는 없습니다. 하지만 국가가 이를 주도하기 때문에 국가가 책임을 지는 것이라고 생각합니다.

국가는 책임을 지지만 어쨌든 결국 노후 생활의 근본 책임자는 개인이라는 것에 동의하시는 것 아닙니까?

아니요. 우리 팀은 궁극적으로 현재 고령화 저출산의 문제는 경제 양극화에서 비롯된 것이므로, 결론적으로 이 문제 해결은 국가가 나서야 한다고 생각합니다.

결과적으로 반박 후 교차 질의는
상대방의 반박에 재반박하는
내용을 위주로 하게 돼요.

시간이 종료되었습니다!

5단계: 요약 순서에서 할 일(팀당 3분)

이어 퍼블릭 포럼 디베이트의 요약 발언(summary speech) 순서이다. 첫 번째 발언자가 다시 나와 이 순서를 진행한다. 우선 이 단계를 요약(summary)이라고 부른다는 점에 두 가지 주목할 점이 있다.

첫째, 이 단계부터 새로운 논쟁거리를 제시하는 것은 금지된다. 단, 이전에 제시한 쟁점에 대한 상대 팀의 반박을 재반박하는 과정에서 새로운 증거나 사실, 의견을 말하는 것은 허용된다. 하지만 새로운 쟁점을 제시하는 것은 허용되지 않는다.

둘째, 요약을 단순한 반복이라고 생각해서는 안 된다. 개정된 퍼블릭 포럼 디베이트에 따르면 요약은 팀당 3분만 주어진다. 결국 요약 순서를 맡은 발언자는 오늘 진행된 디베이트를 입체적으로 이해하여, 주요한 쟁점을 중심으로 요약해서 정리하고 불리한 점은 방어해야 한다. 그러면서 상대 팀의 약점을 효과적으로 드러내야 한다. 그러자면 토론 전반에 대한 요약도, 핵심 쟁점 정리도 간략해야 한다.

요약 순서 담당자의 역할

요약 순서부터 학생들은 어려워한다. 디베이트를 입체적으로 이해하여 주요 쟁점을 중심으로 정리해 낸다는 과제를 머리로는 이해하지만 실제로는 따라 하기 힘들어하기 때문이다. 그래서 초보 디베이터는 이 시간을 자기 팀의 입안 또는 반박 내용을 요약하는 순서로 떼운다.

하지만 이런 능력을 요구하는 정도라면 요약 순서를 따로 둘 필요가 없다. 심판이나 참가한 디베이터들이나 이전의 상황을 이미 이해했을 것이기 때문이다. 요약은 ① 오늘 진행된 디베이트 전체를 대상으로 ② 입체적으로 이해하여 ③ 주요한 쟁점을 중심으로 정리하는 순서라는 점을 기억해야 한다.

똑똑한 학생도 이 과제를 제대로 수행하는 데는 3개월 정도 걸리는 듯하다. 즉, 요약은 오르기 힘든 산과 같다. 하지만 이 산을 넘으면 광명이 펼쳐진다. 어떤 책을 읽더라도, 또 어떤 말을 듣더라고 이를 재빨리 입체적으로 정리해 내는 능력이 생기기 때문이다. 간단히 말해 머리가 좋아진다. 이렇게 좋아진 머리로 공부한다면 훨씬 빨리, 잘할 것이다. 그러니까 그 달콤한 결과를 기대하며 열심히 노력해 보자.

심판의 역할

요약 순서에서 심판은 어떤 점을 주의해야 할까? 심판은 ① 발언자가 오늘 디베이트의 주요 쟁점을 제대로 파악하고 있는지, ② 주요한 쟁점을 중심으로 상대 팀의 약점을 효과적으로 부각시키고 자기 팀의 장점을 강조하고 있는지를 확인해야 한다.

요약 양식 예

다음은 요약 순서에 발언할 때 사용할 수 있는 양식이다. 참고로 디베이트에서 쟁점은 한 개일 수도 있지만 여러 개일 때도 있다.

표 2-13 요약 양식 예

서론	오늘 디베이트에서 우리 팀과 상대 팀은 다음 쟁점에서 의견을 달리했습니다. 첫 번째 쟁점은 _____였습니다. 두 번째 쟁점은 _____였습니다. 세 번째 쟁점은 _____였습니다.
본론	지금부터 각 쟁점별 상대 팀 의견과 우리 팀 의견을 말씀드리고, 우리 팀의 입장이 옳은 이유를 설명하겠습니다. 첫 번째 쟁점에서 상대 팀은 _____(이)라는 의견을 제시해 주셨는데, 그에 비해 우리 팀은 _____입장이었습니다. 우리 팀의 입장이 _____(이)라는 점에서 맞기 때문에 저희가 옳습니다.
	두 번째 쟁점에서 상대 팀은 _____(이)라는 의견을 제시해 주셨는데, 그에 비해 우리 팀은 _____입장이었습니다. 우리 팀의 입장이 _____(이)라는 점에서 맞기 때문에 저희가 옳습니다.
	세 번째 쟁점에서 상대 팀은 _____(이)라는 의견을 제시해 주셨는데, 그에 비해 우리 팀은 _____입장이었습니다. 우리 팀의 입장이 _____(이)라는 점에서 맞기 때문에 저희가 옳습니다.
결론	결국 오늘의 디베이트에서 우리 팀은 첫째, _____, 둘째, _____, 셋째 _____의 옳은 입장이었기에, 우리 팀이 승자가 되어야 한다고 생각합니다.

실제 진행된 요약 발언 사례

앞서 소개한 '한국에서 노후 생활의 책임은 개인에게 있다.'라는 주제로 한 디베이트에서 반대하는 [먼저 발언 팀]과 찬성하는 [나중 발언 팀]의 요약 발언 사례를 차례로 살펴보자. 이번에도 [먼저 발언 팀]의 요약 발언부터 시작한다.

그림 2-18 요약 순서에 [먼저 발언 팀]이 발언하는 모습

표 2-14 [먼저 발언 팀]의 요약 발언 사례 — 반대(3분)

서론	안녕하십니까? '한국에서 노후 생활의 책임은 개인에게 있다.'의 반대 쪽 요약을 맡은 ○○○입니다. 오늘 디베이트에서 우리 팀과 상대 팀은 다음과 같은 쟁점에서 의견을 달리했습니다. 첫 번째 지원과 책임, 두 번째 비현실성에 관한 것입니다.
본론	지금부터 각 쟁점별 상대 팀 의견과 우리 팀 의견을 말씀드리고, 우리 팀의 입장이 옳은 이유를 설명하겠습니다. 첫 번째, 지원과 책임입니다. 상대 팀께서는 약간의 지원도 책임이 아니라고 말씀하셨습니다. 하지만 저희가 용어 정의에서 말씀드렸듯이 책임이란 어떤 일에 대한 의무 또는 지원도 책임에 포함된다라고 정의한 바 있습니다. 헌법 제34조 4항에 국가는 노인과 청소년의 복지 향상을 위한 정책을 실시해야 할 의무가 있다고 되어 있습니다. 여기에서 볼 수 있듯이, 헌법에서도 국가는 국민의 노후 생활을 책임질 의무가 있다고 말하고 있습니다. 이것은 지원도 곧 책임에 포함된다고 말할 수 있습니다.

본론	두 번째, 비현실성입니다. 상대 팀은 연금이 고갈될 것이라고 말씀하시면서 이러한 연금 제도는 비현실적이라고 주장하셨습니다. 하지만 이와 관련해서는 충분한 대안책이 있습니다. 1988년 연금은 평균 소득을 70%에서 60%로 낮추고, 또 연금 대상을 60세에서 65세로 올리는 등 다양한 개혁안이 제시되어 결국 연금 고갈 시점을 2060년으로 늘렸습니다. 이런 개혁안을 계속 반복한다면 연금 제도는 충분히 해결할 수 있다고 말씀드리고 싶습니다. 상대 팀은 우리 팀이 주장하는 비현실성을 전혀 고려하지 않았습니다. 지금 연금의 소득 대체율은 43%라고 합니다. 하지만 연금이 사라진다면 더 큰 부작용이 생길 것입니다. 상대 팀에서 〈베를린 리포트〉 자료를 인용하면서 독일은 연금 때문에 세금 800억 유로가 든다고 하셨습니다. 하지만 아직까지 독일에서 연금 제도를 폐지하지 않는 것을 보면 이런 연금 제도가 얼마나 가치 있는지 알 수 있다는 점에서 우리 팀이 주장하는 근거가 될 수 있다고 생각합니다.
결론	결국 오늘의 디베이트에서 첫째는 헌법에서도 이미 그 책임을 국가에 두고 있다는 점에서, 둘째는 국가의 지원이 사라질 경우 더 큰 혼란이 예상된다는 점에서 저희 팀이 더 옳은 입장이었기에, 우리 팀이 승자가 되어야 한다고 생각합니다. 감사합니다.

이어서 [나중 발언 팀]이 찬성 입장에서 요약 발언을 한다.

표 2-15 [나중 발언 팀]의 요약 발언 사례 — 찬성(3분)

> 요약 발언도 서론-본론-결론의 구조로 진행하는 게 좋아요.

서론	오늘 디베이트에서 우리 팀과 상대 팀은 비현실성, 지원과 책임이라는 쟁점에서 의견을 달리했습니다. 지금부터 각 쟁점별 상대 팀 의견과 우리 팀 의견을 말씀드리고, 우리 팀의 입장이 옳은 이유를 설명하겠습니다.
본론	비현실성에 대해 상대 팀께서는 노인들이 노후 생활을 책임질 경우 일어나는 부작용과 비현실성을 말씀하셨고, 우리 팀에서는 국가가 노후 생활을 책임 질 경우 생기는 비현실성을 강조했습니다. 그러나 이는 우리 팀이 첫 번째 논거에서 충분히 말씀드린 바가 있습니다. 상대 팀께서 여러 대책과 이론을 들어 충분히 극복할 수 있는 문제라고 말씀하셨지만, 그 구체적인 근거가 없었을 뿐더러 우리 팀은 이미 비리 문제를 강조한 바가 있습니다. 두 번째로 상대 팀께서는 국가가 일부를 지원하는 것도 책임에 해당한다는 논리를 펼치셨는데요. 그렇다면 이런 논리를 국가에게만 적용해야 할까요? 그건 아닙니다. 이러한 논리를 개인에게 적용한다면, 개인이 자신의 노후를 위해 준비하고 충분히 저축하는 것이 오히려 책임이 될 수 있는 것 아닙니까? 이러한 논거는 오히려 우리 팀의 논거로 쓸 수 있습니다.

결론	결국 오늘의 디베이트에서 첫째, 국가의 비현실성이 더욱 심각하다, 둘째, 지원도 책임이라면, 오히려 우리 팀의 입장에 상대 팀은 동조하는 것입니다. 이처럼 우리 팀의 입장이 더 옳았기에 오늘 디베이트의 승자가 되어야 한다고 생각합니다. 감사합니다.

6단계: 전원 교차 질의 순서에서 할 일(총 3분)

요약 다음으로 전원 교차 질의(grand crossfire) 순서가 이어진다. 앞에 '전원'이란 말이 붙었으니까 이 순서에서는 토론자 네 명 모두에게 질의응답 발언권이 있다. 참가한 디베이터 모두 서서 교차 질의를 하면 심판과 청중이 보기에 번잡할 것이다. 그래서 전원 교차 질의는 이전의 교차 질의와 달리 의자에 앉은 상태에서 심판과 청중을 향하여 발언한다. 전원 교차 질의도 총 3분간 진행한다.

▶ '전원 교차 질의'는 '전체 교차 질의'라고도 한다.

이 순서에서도 역시 각 팀에서 첫 번째 발언한 사람이 상대 팀에게 첫 질문을 한다. 그 후 모든 토론자가 자유롭게 서로 질문하고 답한다. 이때 특정 토론자를 지목해도 되고 상대 팀 전체를 향해 질문해도 된다. 이 순서를 통해 양 팀은 서로 동의하는 부분과 논쟁이 되는 포인트를 찾기 위해 노력한다. 다음 순서인 마지막 초점을 염두에 두면서 상대 팀의 가장 큰 허점을 드러내기 위해 노력한다.

심판의 역할

전원 교차 질의에서 심판은 어떤 점을 주의해야 할까? 심판은 ① 토론자들이 오늘의 주요 쟁점을 잘 파악하고 있는지, ② 상대 팀의 약점을 효과적으로 드러내고 있는지, ③ 자기 팀의 강점을  효과적으로 드러내고 있는지, ④ 오늘 디베이트 주제의 핵심 쟁점에 근접하고 있는지를 확인해야 한다. 심판은 평가만 할 뿐 토론을 방해해서는 안 된다.

전원 교차 질의 발언할 때 점검하기

전원 교차 질의에서 다음처럼 체크하면 질문할 내용이 많아진다. 이밖에도 전원 교차 질의에서는 입안, 반박 순서에서 미진했던 부분도 질문할 수 있다.

표 2-16 전원 교차 질의 발언할 때 체크 사항

서론		• 상대 팀은 쟁점을 잘 이해하고 있는가? 예 상대 팀의 요약 서론을 들어 보니 쟁점을 잘못 짚은 것 같습니다. 우리 팀의 쟁점 정리가 더 맞지 않나요?
본론	쟁점 1	• 상대 팀의 첫 번째 쟁점에서 우리 팀의 입장을 적절하게 정리하고 있는가? 예 첫 번째 쟁점에서 상대 팀은 우리 팀의 입장을 잘못 정리하셨습니다. 우리 팀의 입장은 ＿＿＿＿＿＿＿ 였습니다. 동의하십니까? • 상대 팀의 첫 번째 쟁점에서 우위에 선 팀을 적절하게 정리하고 있는가? 예 첫 번째 쟁점에서 상대 팀은 자신의 팀이 더 우위에 있다고 말씀하셨습니다. 하지만 ＿＿＿＿＿＿＿＿＿＿ 이유에서 우리 팀이 더 우위에 있다고 생각합니다. 동의하십니까?

본론	쟁점 2	• 상대 팀의 두 번째 쟁점에서 우리 팀의 입장을 적절하게 정리하고 있는가? ㉖ 두 번째 쟁점에서 상대 팀은 우리 팀의 입장을 잘못 정리하셨습니다. 우리 팀의 입장은 _____ 였습니다. 동의하십니까? • 상대 팀의 두 번째 쟁점에서 우위에 선 팀을 적절하게 정리하고 있는가? ㉖ 두 번째 쟁점에서 상대 팀은 자신의 팀이 더 우위에 있다고 말씀 하셨습니다. 하지만 _____ 이유에서 우리 팀이 더 우위에 있다고 생각합니다. 동의하십니까?
	쟁점 3	• 상대 팀의 세 번째 쟁점에서 우리 팀의 입장을 적절하게 정리하고 있는가? ㉖ 세 번째 쟁점에서 상대 팀은 우리 팀의 입장을 잘못 정리하셨습니다. 우리 팀의 입장은 _____ 였습니다. 동의하십니까? • 상대 팀의 세 번째 쟁점에서 우위에 선 팀을 적절하게 정리하고 있는가? ㉖ 세 번째 쟁점에서 상대 팀은 자신의 팀이 더 우위에 있다고 말씀 하셨습니다. 하지만 _____ 이유에서 우리 팀이 더 우위에 있다고 생각합니다. 동의하십니까?
결론		• 요약의 결론을 잘 정리하고 있는가? ㉖ 결론적으로 우리 팀이 이번 디베이트에서 더 우위에 있었습니다. 인정하십니까?

실제 진행된 전원 교차 질의 발언 사례

앞서 소개한 '한국에서 노후 생활의 책임은 개인에게 있다.'라는 주제로 한 디베이트에서 전원 교차 질의는 다음과 같이 이뤄졌다. 주제에 반대하는 [먼저 발언 팀]과 찬성하는 [나중 발언 팀]의 전원 교차 질의 발언 사례를 살펴보자.

그림 2-19 전원 교차 질의 순서에 발언하는 모습

그림 2-20 전원 교차 질의 발언 사례

상대 팀께서는 연금이 운영되는 과정에서 비리가 존재할 수 있다고 하셨는데, 이것은 단지 몇몇 뉴스나 기사만을 보고 성급한 일반화를 내리신 것 같습니다. 이런 식이라면 국가의 정책에 모두 비리가 있다고 생각하시는 것입니까?

그럼 정부가 제대로 연금을 썼다는, 그런 투명한 자료를 상대 팀께서는 갖고 있으십니까?

하지만 심각한 비리는 없었다고 생각합니다.

여러 가지 신문에 다양한 비리가 보도되고 있습니다. 다른 질문 하나 하겠습니다. 다시 확인하고 싶은데요, 상대 팀께서 책임에 대해서 약간의 지원도 책임이 된다고 하셨습니다. 또, 개인도 약간의 책임을 져야 한다는 부분도 이미 인정하셨습니다. 그럼 노후 생활의 책임은 개인에게 있다는 것에 찬성하시는 것 아닙니까?

하지만 우리 팀 자료를 보면, 우리나라 국민연금 소득 대체율이 43% 정도 됩니다. 하지만 그렇기 때문에 우리나라 국민연금에서 지원해 주는 정도가 너무 크고 개인이 저축하거나 또 퇴직연금을 받는 비율보다 우리나라 국민연금에서 지원해 주는 것이 더 크기 때문에 국가가 책임을 져 주는 부분이 더 크다고 생각합니다.

그것을 물어보는 것이 아닙니다. 용어 정의에서 일정 지원을 하는 것만 책임이라고 하셨습니다. 그런데 어째서 이를 국가에만 적용하시는지 저희는 그것이 궁금합니다. 이는 국가에게만 적용할 것이 아니라, 개인에게도 적용되어야 합니다. 그렇다면 이 주제에 저희 찬성 팀에게 동의하시는 것 아닙니까?

> 요약 후 전원 교차 질의는 팀워크를 평가하는 순서이기도 해요. 한 사람이 주도하기보다 팀원과 협력해서 진행하는 모습을 보이면 더 좋은 점수를 받을 수 있어요.

하지만 그것은 반대로 생각한다면 국가의….

> 시간이 종료되었습니다!

저희는 상대 팀의 용어 정의에 반박하는 것입니다.

7단계: 마지막 초점 순서에서 할 일(팀당 2분)

이제 퍼블릭 포럼 디베이트의 끝 순서로 마지막 초점(final focus)이다. 이 순서에서는 두 번째 발언자가 번갈아 진행한다. 여기에서 마지막이라고 한 것은, 마지막 초점 순서가 끝난 뒤 심판의 채점이 이뤄지기 때문이다. 마지막 초점 순서는 찬반 팀당 각각 2분간 진행한다.

마지막 초점 담당자의 역할
심판이 채점을 하기 직전에 마지막으로 자기 팀에서 강조하는 내용을 설명할 수 있는 자리이이므로, 결국 핵심이 되는 쟁점에 집중할 수밖에 없다. 그러므로 쟁점과 관련하여 자기 팀이 명확히 우위에 있다는 것과 상대 팀의 허약함을 드러내야 한다. 또, 이 쟁점이 오늘 디베이트에서 가장 중요한 판단 기준이 되어야 한다는 것을 주장한다.

이런 훈련을 여러 차례 거듭하다 보면 참가자들은 어떠한 사안에서 가장 관건이 되는 이슈와 부차적인 이슈를 구별하는 안목을 기를 수 있다. 판단할 때 가장 중시해야 하는 요인을 찾아내는 훈련을 하는 것이다.

심판의 역할
마지막 초점 순서에서 심판은 어떤 점을 주의해야 할까? 심판은 ① 발언자가 오늘의 핵심 쟁점을 잘 이해하고 있는지, ② 자기 팀의 핵심 전략을 잘 이해하고 있는지, ③ 자기 팀의 핵심 전략을 효과적으로 설명해 내는지를 확인해야 한다. 심판은 평가만 할 뿐 토론을 방해해서는 안 된다.

마지막 초점 양식 예
다음은 마지막 초점 순서에 발언할 때 참고할 수 있는 양식이다.

표 2-17 마지막 초점 양식 ⓔ

서론	오늘 디베이트를 마치면서 우리 팀이 마지막으로 가장 강조하고 싶은 것은 _____ _____ 입니다.
본론	(우리 팀의 강조점을 호소력 있게 설명하기) _____ _____ _____ 을(를) 생각해 보시기 바랍니다.
결론	여러분! _____ 을(를) 생각하신다면 오늘의 디베이트에서 우리 팀이 승자가 되어야 한다는 것을 알 수 있을 것입니다. 경청해 주셔서 감사합니다.

실제 진행된 마지막 초점 발언 사례

앞서 소개한 '한국에서 노후 생활의 책임은 개인에게 있다.'를 주제로 한 디베이트에서 마지막 초점 발언은 다음과 같이 이뤄졌다. 주제에 반대하는 [먼저 발언 팀]과 찬성하는 [나중 발언 팀]의 마지막 초점 사례를 차례로 살펴보자. 이번에도 [먼저 발언 팀]의 요약 발언부터 시작한다.

표 2-18 [먼저 발언 팀]의 마지막 초점 발언 사례 — 반대(2분)

서론	안녕하십니까? '한국에서 노후 생활의 책임은 개인에게 있다.' 의 반대 쪽 마지막 초점을 맡은 △△△입니다. 오늘 디베이트를 마치면서 우리 팀이 마지막으로 가장 강조하고 싶은 것은 우리나라 노인들이 겪는 어려움입니다.
	마지막 초점 순서에서는 호소력을 더하기 위해 잘 알려진 속담이나 관련된 책 내용 등을 인용하기도 해요.
본론	《황혼길 서러워라》(제정임 편)라는 책의 한 부분을 소개합니다. 농촌 노인 가운데 상당수는 자식 키우느라 논밭을 다 팔고 외지인이 소유한 농지를 빌려 소작을 합니다. 기껏 한해 농사를 지어도 소작료 떼고 식량으로 쓰고, 조금 남는 것을 팔아 봐야 쓸 돈이 별로 없습니다. 그래서 농촌 노인 중

본론	에는 정부가 매달 지급하는 기초 노령 연금이 생활비의 전부인 사람이 많습니다. 단독 가구 기준 96,800원으로 생계를 꾸리는 것입니다. 운문1리라는 한 농촌 마을에는 주민 209명 중 65세 이상 노인이 52명인데, 이 중 90% 이상이 노령 연금 외에 뚜렷한 수입이 없습니다. 가끔 품앗이를 다닌다는 운문1리의 이원교 어르신은 "노인 연금이 없으면 한 달에 5만원쯤 들어가는 약값을 낼 방법이 없다."고 하셨습니다.
	이 이야기에서 알 수 있듯이 국가의 연금 또는 여러 복지 지원에 크게 의존하는 노인이 많습니다. 이러한 상황에서 노후 생활의 책임을 개인에게 돌린다면 큰 파장을 불러올 것입니다. 노인은 경제 능력이 현저히 떨어질 뿐만 아니라 건강 상태도 허약하여 스스로 자립할 능력이 거의 없습니다. 노후 생활이 개인의 책임이라고 한다면 현재 국가에 크게 의존하고 있는 노인 대부분은 어떻게 해야 할까요? 여러분이 나중에 노인이 되어서 국가로부터 아무런 지원도 받지 못하고 힘든 노후 생활을 보내게 된다고 해도 이번 주제에 찬성하시겠습니까?
	양 팀 모두 서로 동의하는 부분과 논쟁이 되는 포인트를 찾으면서 상대 팀의 가장 큰 허점을 드러내세요!
결론	여러분, 지금 현재 노인의 상황을 직시한다면 오늘 디베이트에서 우리 팀이 승자가 되어야 한다는 것을 알 수 있을 것입니다. 경청해 주셔서 감사합니다.

이어서 [나중 발언 팀]이 찬성 쪽 마지막 초점 발언을 한다.

표 2-19 [나중 발언 팀]의 마지막 초점 발언 사례 — 찬성(2분)

서론	안녕하십니까? '한국에서 노후 생활의 책임은 개인에게 있다.'의 마지막 초점을 맡은 찬성 팀 □□□입니다.
	오늘 디베이트를 마치면서 우리 팀이 마지막으로 가장 강조하고 싶은 것은 국가 책임의 비현실성입니다.
본론	만약에 집을 지을 재료가 없는데, 집을 지을 것인지 말 것인지가 과연 문제가 될까요? 당연히 짓지 못하는 것이 아니겠습니까? 이처럼 노후 생활을 책임질 여건이 아닌데 국가가 노후 생활을 책임질 것인가 말 것인가는 문제가 아니라고 생각합니다. 당연히 책임지지 못합니다.
	국민 연금 재정 추이에 따르면 현재 저출산 고령화 속도로 2060년에 국민 연금 기금이 모두 고갈한다고 합니다. 게다가 이는 연금 지급 연령을 60세에서 65세로, 2030년 이후 출산율을 지금보다 높은 2.18로 잡을 때의 수치입니다. 2021년 10월 발표된 국회 예산 정책처 자료와 통계청 추계에 따르면, 생산 가능 인구 100명이 65세 이상 고령 인구 24.6을 부양해야 했지만, 2036년엔 51.1로 지금보다 곱절로 늘어난다고 합니다. 2067년에는 100.1로 사실상 생산 가능 인구 1명이 노인 1명을 부양하게 됩니다.

본론	과연 이러한 상황에서 노후 생활의 책임이 국가에게 있다는 것이 옳을까요? 예를 들어 2007년 시작된 주택 연금 제도도 해마다 가입자 수가 늘어, 2022년에는 누적 가입자 수가 97,658명을 기록했습니다. 이렇듯 국민 연금을 대치할 수단은 많습니다. 꼭 굳이 국민 연금을 강조해야 할 필요성이 있을까요?
결론	여러분, 우리 팀은 완전한 연금 폐지를 바라는 것이 아닙니다. 국가의 지원이 어려운 점을 감안한다면 오늘의 디베이트에서 우리 팀이 승자가 되어야 한다는 것을 알 수 있을 것입니다. 경청해 주셔서 감사합니다.

그림 2-21 마지막 초점 순서에 [나중 발언 팀]이 발언하는 모습

이제 디베이트 순서를 모두 마쳤다. 토론자(디베이터) 모두 악수하고 심판의 판정을 기다리면 된다. 디베이트 수업이라면 교사(코치)가 강평을 한다.

02-3

[실전]
퍼블릭 포럼 디베이트를 해 봐요!

퍼블릭 포럼 디베이트를 진행한 실제 사례를 하나 더 소개한다. 주제는 '장유유서는 현대에도 지켜야 할 덕목이다.'이다. 역시 중학생들이 참가한 디베이트였다. 발언 요지는 현장감을 생생하게 느낄 수 있도록 원문을 살렸다. 여기에서는 디베이트 수업에서 활용할 수 있도록 순서마다 교사(코치)의 평가(강평)도 덧붙였다.

> 주제 장유유서는 현대에도 지켜야 할 덕목이다.

1단계: 입안(총 8분)

동전 던지기를 하여 02-2절과 반대로 주제에 찬성하는 팀이 [먼저 발언 팀]을, 주제에 반대하는 팀이[나중 발언 팀]을 맡는 것으로 결정되었다. 발언 제한 시간은 팀당 4분씩 총 8분이다. 두 팀의 입안 요지를 살펴보자.

[먼저 발언 팀] 입안 — 찬성(4분)

[먼저 발언 팀]의 첫 번째 토론자가 연단에 나와 발언을 시작한다. 찬성 팀의 입안 발언 요지를 살펴보자.

표 2-20 [먼저 발언 팀]의 찬성 입안 발언 사례

구분	요소	내용
서론	인사 및 입장 표명	안녕하십니까? '장유유서는 현대에도 지켜야 할 덕목이다.' 라는 주제에 찬성하는 팀에서 입안을 맡은 ○○○입니다.
	유인 요소	조선 시대의 배경이 가장 잘 드러난 〈허생전〉에는, 허생이 도적들을 다시 풀어 주며 자유롭게 살라고 할 때 "하루라도 먼저 난 사람에게 한 숟가락이라도 더 먹이도록 해라."라는 장유유서와 관련된 구절이 있습니다. 이 구절은 유교 국가였던 조선 시대부터 우선시하는 원칙이었다는 것을 뚜렷하게 보여 줍니다.
	주제 배경	장유유서는 유교 사회의 규범인 삼강오륜에서 지켜야 할 다섯 가지 도리의 하나입니다. 어른과 아이 사이에서, 그러니까 나이가 더 많은 사람을 존중하자는 취지에서 만들어진 것입니다. 나이 문제로 발생하는 실제 사례로 대학에서의 N수생, 직장에서 연하 상사와의 대립 등을 들 수 있습니다. 장유유서의 개념은 고령화 사회에서 65세 이상 노인의 직업, 노후 생활 복지, 실버 산업 등으로 확장되기도 합니다. 그런데 장유유서의 개념은 최근 글로벌한 현대 사회에서 노후 생활과 연결되어 논란거리가 되고 있습니다.
	용어 정의	우리 팀은 장유유서를 어른과 아이 사이에는 차례와 질서가 있어야 하고, 나이 차이와 나이에 따른 그 사람의 덕을 존중해야 한다는 도덕적 당위로 받아들이겠습니다. 추후에 중점적으로 말씀드리고 싶은 것은, '어른'과 '아이'라는 단어의 의미입니다.
	주제 해석	우리 팀은 이번 주제를 '현대에도 나이 차에 따른 서열은 존중되어야 한다.' 로 해석합니다.
	구체적 입장	따라서 우리 찬성 팀은 '예로부터 지켜 온 나이 차이와 나이에 따른 질서는 존중되어야 한다.' 라는 입장을 내세우겠습니다.

서론	핵심어 예고	우리 팀은 이번 주제에 찬성하는 이유로, 첫째 도덕적 당위, 둘째 사회 발전에 기여, 셋째 가족 간의 우애의 신장이라는 세 가지 논점을 들겠습니다.
본론	논거 1 (핵심어+주장)	첫째, 도덕적 당위를 들 수 있습니다. 장유유서는 우리가 응당 지켜야 할 도리라는 점에서 도덕적으로 당연합니다.
	논거 1의 근거	장유유서는 새로운 법을 제정하거나 제도를 만든다는 관점에서 나온 것이 아닙니다. 장유유서는 불문법입니다. 즉, 법적으로 규정되어 있는 것이 아니라 우리의 생활 습관에 배어 있는 것을 '장유유서'라고 정의한 것입니다.
		우리나라의 사회 구조는 장유유서에 기초해서 나이가 더 많은 사람이 경력자일 것이라는 전제 하에 이루어졌습니다. 회사의 임금 구조, 승진에서도 밑바탕이 된 장유유서를 중요하게 여기지 않게 되는 것은 대한민국 전체의 분란을 일으킬 것입니다.
	논거 2 (핵심어+주장)	둘째, 사회 발전에 기여합니다. 장유유서를 잘 지키면 사회를 유지하고 발전시키는 데 도움이 됩니다.
	논거 2의 근거	장유유서란, 어른과 아이 사이의 차례와 질서를 뜻합니다. 〈경향신문〉에서 정희진 교수는, '진짜 어른'은 단순한 숫자에 불과한 나이순이 아니라 그 사람이 누구인지 밝혀 내는 덕(德)의 순서라고 했습니다.
		사전에서 '어른'은 민법상 19세 미만인 미성년자를 넘어선 사람으로 정의했습니다. 여기서 범죄자 등 사회 구성원과 함께 살아갈 수 없는 사람은 어른이라는 정의에서 제외되기 마련입니다. 위선의 가면을 쓴 사람들 또한 '어른'에서 제외됩니다.
		이렇듯 장유유서로 존중받는 동시에 타인이 따라야 하는 어른은 미성년자가 아닌 동시에 성숙한 사람으로서 역할을 할 수 있어야 합니다.
	논거 3 (핵심어+주장)	마지막으로 가족 간의 우애 신장을 들 수 있습니다. 장유유서를 잘 지킬 때 가족 간의 우애가 오히려 더욱 신장될 수 있습니다.

본론	논거 3의 근거	요즘 가족은 대부분 여러 세대를 거쳐서 이루어졌습니다. 가족이란 가장 기본적인 사회 조직으로, 구성원 역시 자신의 의도와 상관없이 형성되었습니다. 연장자는 가족 모임에서 자신을 존중해 주는 느낌을 받을 때 기쁨을 느낀다고도 합니다.
		장유유서는 직장이나 사회 조직에서 서열을 기준으로 직급을 정하는 것과는 별개입니다. 단지 나이에 따른 신체적, 정신적 차이를 존중하고 서로 이해하는 개념에서 생긴 것입니다. 가족 관계에서 자신을 낳아 주셨을 뿐더러 나이 차이도 많이 나는 부모님께 함부로 대하는 것 또한 장유유서의 가치를 중요하게 여기지 않는 것입니다. 문명화된 전 세계에서는 장유유서를 지킵니다. 그 결과로 세계의 일반 질서와 가족 간의 믿음이 이루어질 수 있다고 생각합니다.
결론	정리 및 마지막 발언	따라서 우리 팀은 도덕적 당위, 사회 발전에 기여, 가족 간의 우애 신장이라는 세 가지 근거를 들어 '장유유서는 현대에도 지켜야 할 덕목이다.'라는 주제에 찬성합니다. 다시 한번 상기하고 싶은 점은, '진정한 어른', 즉 존경받을 만한 어른과 그보다 나이가 어린 사람들이 서로 존중하며 이해하는 장유유서의 덕목은 현대 사회에서도 매우 중시해야 한다는 것입니다. 감사합니다.

[평가]

[먼저 발언 팀]의 찬성 입안문은 우수했다. 오늘의 주제를 잘 이해하고, 퍼블릭 포럼 디베이트의 입안 순서에서 요구하는 구조를 잘 따랐다. 결론에서는 마무리 효과문도 잘 썼다. 한 가지 특징은, '어른'이라는 용어 정의를 '존중받을 가치가 있는 성인'으로 제한했다는 점이다. 이는 상대 팀과의 토론 과정에서 쟁점으로 떠오를 가능성이 높다.

[나중 발언 팀] 입안 — 반대(4분)

이어서 [나중 발언 팀]의 첫 번째 토론자가 연단에 나와 발언을 시작한다. 시간 제한은 역시 4분이다. 반대 팀의 입안 발언 요지를 살펴보자.

표 2-21 [나중 발언 팀]의 반대 입안 발언 사례

구분	요소	내용
서론	인사 및 입장 표명	안녕하십니까? '장유유서는 현대에도 지켜야 할 덕목이다.'라는 주제에 반대하는 팀에서 입안을 맡은 ☆☆☆입니다.
	유인 요소	10월 9일 오후 7시, 서울 종로에서 경기도 의정부시로 향하는 지하철 1호선 열차에서 한 노인(이 씨)이 일반석에 앉아 있는 20대 남성(최 씨)의 머리를 우산으로 내리치는 사건이 발생했습니다. 노약자석이 가득 찬 상태였다고 하는데, 경찰 조사에서 노인 이 씨는 "젊은 것이 자리를 양보하지 않아 싸가지가 없어 때렸다."고 진술했습니다. "어른이 서 있으면 자리를 양보해야지."라고 고함치는 이 씨를 최 씨가 쳐다보자 "뭘 째려보느냐."며 우산으로 때렸던 것입니다.
	주제 배경	이렇게 나이가 많다는 이유만으로 아랫사람을 무시하는 일이 종종 발생하고 있습니다. 장유유서가 제1의 가치가 아니라, 노인도 21세기 '매너 노인' 교육을 받아 시대를 따라가는 예의범절을 지켜야 한다는 말도 많이 나오고 있습니다. 장유유서가 현대에도 필요한 덕목인지 논란이 되고 있는 배경입니다.
	용어 정의	장유유서란 2000년 전부터 내려온 유교의 기본 윤리로 오륜의 한 덕목입니다. 그리고 연령 질서를 확립하며, 사회 관계에서는 어른을 공경하고 젊은이를 사랑하는 기본 규범으로 정의하겠습니다.
	주제 해석	이에 따라 우리 팀은 이번 주제를 '장유유서는 변화한 약 2000년 후인 요즘 시대에도 지켜야 할 덕목이다.'라고 해석합니다.
	구체적 입장	하지만 우리 팀은 2000년이 지난 지금, 장유유서를 사회의 기본 덕목으로 유지하지 않아도 된다고 주장하면서 이번 토론 주제에 반대합니다.
	핵심어 예고	우리 팀은 시대의 변화, 대안 가능성, 악용 가능성이라는 세 가지 논거를 들어 이번 주제에 반대하는 바입니다.

본론	논거 1 (핵심어+주장)	첫째, 시대의 변화입니다. 글로벌 시대인 21세기에는 과거의 윤리인 장유유서가 통하지 않습니다.
	논거 1의 근거	현재 우리나라는 고령 사회로 노인 문제 해결과 복지 실현이 중요해지면서 장유유서가 논란이 되기도 합니다. 고령 사회로 진입함에 따라 실버 산업도 중요해지고, 이로 인해 젊은 세대 간의 소통이 중요해지고 있습니다. 하지만 노인이 일을 배우거나 다시 시작하는 과정에서 생소한 물건들, 예를 들어 첨단 기술이나 전자 기기를 빈번히 사용하는 문제가 발생한 것입니다. 이에 익숙한 젊은이에 반해 노인은 어려움을 겪는데, 이 과정에서 아랫사람이 자신의 상사일 때 세대 간의 소통이 더욱 어려워지고 있습니다. 이런 문제는 장유유서를 악용하기 때문인 경우도 있지만, 연령 질서를 확립한다는 장유유서의 기본 이념 때문이기도 합니다. 이렇듯 장유유서는 요즘 사회에서 여러 가지 문제를 일으키므로 유지하는 데 무리가 있다고 생각합니다.
	논거 2 (핵심어+주장)	둘째, 대안 가능성입니다. 즉, 장유유서를 대체할 만한 윤리가 존재한다는 것입니다.
	논거 2의 근거	〈원불교 대사전〉을 보면, 장유유서는 연령 질서와 사회 질서를 확립하는 것도 하나의 목적이라는 것을 알 수 있습니다. 서양에서는 유교 윤리가 존재하지 않아도 사회 질서가 잘 유지되고 있습니다. 우리 팀은, 윗사람과 아랫사람 사이에는 차례가 존재한다는 것은 인정합니다. 그리고 장유유서의 본질도 필요하다고 생각합니다. 하지만 노인을 공경하고 사회 질서를 유지하는 데 장유유서라는 단어가 현대에 꼭 필요하다고 생각하지 않습니다. 이를 대체할 수 있는 윤리가 존재하기 때문입니다.
	논거 3 (핵심어+주장)	셋째, 악용 가능성입니다. 즉, 장유유서를 악용할 가능성이 있습니다.
	논거 3의 근거	장유유서 등의 오륜을 좋게 보면 예의범절을 지키고 사회 질서를 유지하는 좋은 덕목이라고 생각할 수 있습니다. 그러나 겉치레만 강조하는 유교는 요즘 우리 사회에서 어른들에게 잘못하지 않도록 막을 방법이 없다는 견해도 많이 나오고 있습니다. 앞에서 제시한 지하철 사건 사례에서도 볼 수 있듯이 어른들은 나이가 많다는 이유만으로 더 좋은 대우를 요구하고 아랫사람을 무시하는 일이 많이 발생하고 있습니다. 이러한 사회 현상으로 보아 장유유서는 현 시대와 적합하지 않은 이념이라고 볼 수 있습니다.

결론	정리 및 마지막 발언	그러므로 우리 팀은 시대의 변화, 대안 가능성, 그리고 악용 가능성이라는 세 가지 논거로 이번 주제에 반대하는 바입니다. 여러분, 저희는 장유유서가 나쁘다고 주장하는 것이 아닙니다. 새 시대에는 새로운 윤리가 필요하다는 의미입니다. 경청해 주셔서 감사합니다.

[평가]

[나중 발언 팀]의 반대 입안문도 우수했다. 오늘의 주제를 잘 이해하고, 퍼블릭 포럼 디베이트의 입안 순서에서 요구하는 구조를 잘 따랐다. 결론에서는 마무리 효과문도 잘 썼다. 한 가지 더 바란다면, 주제 배경에서는 찬성 또는 반대하는 내용을 대강 추려서 간략하게 소개하는 게 좋다.

2단계: 입안 후 교차 질의(총 3분)

양 팀의 입안 순서가 끝났으므로, 이번에는 입안 발언을 맡은 두 토론자가 연단에 함께 나와 교차 질의를 시작한다. [먼저 발언 팀]의 첫 번째 토론자가 발언하고 나면 이후 진행은 참가자 재량으로 진행한다. 시간 제한은 양 팀 합쳐서 총 3분이다. 두 팀이 번갈아 하는 교차 질의 발언 요지를 살펴보자.

그림 2-22 입안 후 교차 질의 발언 사례

우선 첫째로 상대 팀이 10월 9일 오후 7시 서울 종로에서 경기도 의정부시로 향하는 지하철에서 한 노인이 일반석에 앉아 있는 젊은이의 머리를 우산으로 내리친 사건을 언급하신 것이 맞습니까?

맞습니다.

지하철에서 자리를 양보하지 않았다는 이유로 노인이 젊은이의 머리를 우산으로 내리친 사건의 출처와 연도가 궁금합니다. 이런 기사를 쓴 기자의 주관적인 요소가 충분히 들어갔을 가능성이 있다고 생각합니다.

 먼저 이 뉴스의 출처는 〈동아일보〉에서 2015년에 발생한 사건을 바탕으로 기사를 쓴 것입니다. 이 기사는 모두 객관적인 사실이며, 주관적인 의견은 들어 있지 않다고 생각합니다.

 다음 질문으로 넘어가겠습니다. 반대 쪽에서 첫 번째 주장으로 시대의 변화를 들었던 것, 맞습니까?

 맞습니다.

 물론 시대의 변화 속에서 젊은이도 정보화 시대에 간접 경험이나 다양한 기기를 이용해서 정보를 얻을 기회는 충분하다는 것은 인정합니다. 하지만 노인들도 경험을 많이 할수록 순발력과 상황 대처 능력이 뛰어날 것이라고 생각합니다.

 저희가 말씀드리는 것은, 사람들이 은퇴한 후 다시 일을 시작할 때 손아랫사람이 자신보다 높은 위치에 있거나 상사가 될 수 있는데, 그렇게 되면 서로 소통하는 데 어려움이 있어 불편해지므로 이것이 바로 장유유서의 문제라고 생각하는 것입니다.
이제 저희 쪽에서 질문하겠습니다. 상대편께서 세 번째 논거로 장유유서를 지키면 가족 간의 관계가 좋아지고 서로 존중해 주고 행복을 느낀다고 하셨습니다. 맞습니까?

 예. 맞습니다.

하지만 장유유서가 없는 서양에서도 가족 간의 관계가 좋고 나이 많은 사람들을 무시하지 않습니다. 이에 대해 어떻게 생각하십니까?

 물론 서양에 장유유서란 단어는 없지만, 그런 단어만 없을 뿐 그런 생각과 사상은 이미 예전부터 내려오는 기본 덕목입니다. 실제로 '노인 하나가 죽으면 도서관 하나가 사라지는 것과 같다.'라는 아프리카 속담이 있을 정도로 노인의 경험이나 지식은 도서관과 비교할 수 있다는 것이겠죠. 아프리카 속담이지만 서양에서도 충분히 적용할 수 있다고 생각합니다.

 하지만 서양에서 장유유서와 다른 것이 없고, 그런 기초적인 것은 어른을 공경하는 것이지 장유유서는 아니라고 생각합니다.

 어른 공경이라는 말도 결국에는 장유유서의 기본 사상이기 때문에 충분히 장유유서의 한 부분이라고 볼 수 있을 것입니다.

 그리고 상대편에서 장유유서의 기본 뿌리가 지금 지켜지고 있다고 하셨는데, 장유유서의 기본 뿌리란 어떤 의미입니까?

 장유유서는 기본적으로 연하자가 연상자를 존중하고 공경하는 것입니다.

 장유유서는 현대에 와서 어떻게 지켜지고 있습니까?

 저희 두 번째와 세 번째 논거에서 볼 수 있듯이, 가족 간의 우애를 지켜 준다든가, 그러한 것에서 볼 수 있다고 생각합니다.

시간이 종료되었습니다!

143

3단계: 반박(총 8분)

반박을 맡은 두 팀의 두 번째 토론자가 연단에 차례로 나와 발언을 시작한다. 발언 제한 시간은 팀당 4분씩 총 8분이다. 두 팀의 반박 발언 요지를 살펴보자.

[먼저 발언 팀] 반박 — 찬성(4분)

주제에 찬성하는 [먼저 발언 팀]부터 반박을 시작한다. 찬성 팀의 반박 발언 요지를 살펴보자.

표 2-22 [먼저 발언 팀]의 찬성 반박 발언 사례

서론	시작하겠습니다. 안녕하십니까? '장유유서는 현대에도 지켜야 하는 덕목이다.' 라는 주제에 찬성하는 팀에서 반박을 맡은 △△△입니다.
	상대 팀께서는 장유유서는 변화한 약 2000년 후인 요즘 시대에도 지켜야 할 덕목이라로 해석하셨고, 이번 주제에 반대하시면서 약 2000년이 지난 지금 장유유서를 사회 덕목으로 유지하지 않아도 된다고 주장하셨습니다. 이번 주제에 반대하는 세 가지 논거를 들었는데, 우리 팀은 이 세 가지 논거 모두 동의할 수 없습니다.

첫째, 상대 팀께서는 첫 번째 논거로 시대의 변화를 언급하셨습니다. 현재는 21세기이며, 유교가 맨 처음 시작되었던 조선 시대와는 확연히 달라졌다는 점을 강조하셨습니다. 또한 노인이 일을 배우거나 다시 시작하는 과정에서 생소한 물건들이 많이 생길 수 있다는 점 역시 강조하시면서 많은 어려움을 겪는다고 하셨습니다. 그러면서 이 시대는 상대적으로 노인보다 젊은 사람들에게 더 익숙하다는 점을 강조했습니다.

이에 대해 우리 팀은 상대 팀에서 전체적인 문제의 핵심을 파악하지 못했다는 점을 부각하고 싶습니다. 청년은 살아가는 데 정말 중요하면서도 활용하면 좋을 만한 노인들의 깨달음 같은 것을 따라갈 수 없다는 점을 강조하고 싶습니다. 살아가면서 부딪히는 어려움을 어떻게 헤쳐 나가는지, 어떻게 행동하는 것이 가장 자연스러운지 등을 노인들이 더 잘 아는데 이런 점을 간과했다고 생각합니다.

또한 첫 번째 근거에서 상대 팀에서는 세대 간의 소통이 어려워지는 것을 장유유서의 악용 때문이라고 하면서 어린 사람이 자신보다 높은 위치에 있는 것을 받아들이지 못하는 것 역시 사회 발전을 늦출 수 있다고 하셨습니다. '장유유서의 악용'이라고 하는 것보다 '장유유서의 오용'이라고 보는 것이 조금 더 어울리지 않을까 싶습니다.

둘째, 상대 팀께서는 두 번째 논거에서 장유유서는 여러 방안으로 대체될 수 있다는 점을 강조하셨습니다. 서양을 보면 유교 윤리 자체가 존재하지 않는데도 사회 질서가 잘 유지되고 있으며, 사회 분위기에서도 역시 장유유서가 따로 존재하지 않지만 순탄히 흘러가고 있다는 점을 말씀하셨습니다.

이 부분도 상대 팀께서 제대로 파악하지 못하고 있다고 생각합니다. 물론 유교에서 오륜은 일부분입니다. 유교에서 오륜이 비롯되었으며 그 오륜의 일부에 장유유서가 있습니다. 거기까지는 인정하겠습니다.

하지만 우리나라에서 유교는 지금 전 국민이 지켜야 하는 것도 아니고, 오히려 어떤 종교도 특별히 장려하지 않고 있습니다. 이에 따라 말씀드리고 싶은 점은, 장유유서가 유교의 일부라기보다 유교가 장유유서의 일부라는 것입니다. 서양에서는 유교를 지키고 있지 않지만 장유유서의 본질은 어느 사회에서든 명확히 드러나 있습니다.

앞의 입안 순서에서 말씀하셨던 것처럼, 세계 여러 나라에도 나이 많은 사람을 존중해야 한다는 속담이 있듯이 자신보다 나이 많은 사람을 존중하고 나이 차이에 따른 서열을 존중하는 문화는 어디에든 있습니다. 이런 면에서 상대 팀의 두 번째 논거는 적절하지 않다고 생각합니다.

본론	셋째, 상대 팀의 세 번째 논거에서 장유유서의 악용 사례가 지나치게 심하다고 하셨습니다. 특히 아이들이 잘못한 것을 막을 방법은 있어도 어른들은 그렇지 않다고 말씀하셨습니다. 이 내용은 특정 출처가 없는 곳에서 따온 것으로 보이며, 어른들의 잘못 역시 잘못으로 인정되는 것은 아무리 장유유서의 규범이 없는 사회에서도 피할 수 없다는 점을 강조하고 싶습니다. 장유유서를 지킨다고 해서 어른들의 잘못이 제대로 부각되지 않는다는 점에서 불공평하다는 것인지, 이것은 장유유서를 지나치게 부정적으로 바라보는 것 같다는 생각이 듭니다. 또한 마지막으로 상대 팀에서는 장유유서를 현대와 적합하지 않은 이념이라고 하셨는데, 이 말과 세 번째 악용 사례는 큰 연관성이 없어 보인다는 것을 말씀드리고 싶습니다.
결론	우리 팀은 오늘 주제인 '장유유서는 현대에도 지켜야 할 덕목이다.' 라는 점을 다시 한번 강조하고 싶습니다. 시대의 변화, 장유유서의 대체, 악용 사례의 세 가지 논거는 모두 부적절하다는 점을 강조합니다. 감사합니다.

[평가]

찬성 팀 반박은 두 가지 점에서 우수했다. 첫째, 퍼블릭 포럼 디베이트에서 요구하는 반박 스피치의 구조를 잘 구현했다. 둘째, 상대 팀의 의견을 잘 이해했고, 자기 팀과 어느 지점에서 의견을 달리하는지 잘 파악했다.
옥의 티라면 ① 서론 부분에서 상대 팀의 논거를 핵심어를 중심으로 정리해 주고, ② 말할 때나 글을 쓸 때에는 중문과 복문 대신 단문을 사용했으면 좋겠다는 것이다. 중문과 복문을 반복해서 사용하면 청중의 집중도가 떨어지고 전달력도 약해지기 때문이다.

[나중 발언 팀] 반박 — 반대(4분)

이어서 [나중 발언 팀]의 반박을 맡은 두 번째 토론자가 연단에 나와 발언을 시작한다. 시간 제한은 역시 4분이다. 반대 팀의 반박 발언 요지를 살펴보자.

표 2-23 [나중 발언 팀]의 반대 반박 발언 사례

서론	안녕하십니까? '장유유서는 현대에도 지켜야 할 덕목이다.'라는 주제에 반대하는 팀에서 반박을 맡은 □□□라고 합니다. 우선 상대 팀에서는 유인 요소로 조선 시대 〈허생전〉을 예로 들었습니다. 그리고 장유유서는 도덕적 당위이며 '어른'은 나이로 판단하는 것이 아닌 성숙한 개인으로서 역할을 할 수 있는 사람이라고 정의하셨습니다. 또한 사회 발전을 이끌고 가족 간의 우애를 지키려면 장유유서가 필요하다고 발언하셨습니다. 하지만 우리 팀은 상대 팀의 주장에 모두 동의할 수 없습니다. 우선 〈허생전〉은 100년 전의 이야기이고, "하루라도 먼저 난 사람에게 한 숟가락이라도 더 먹여라."라는 구절은 노인 공경의 예로 받아들일 수도 있지만, 반대로 아랫사람을 무시하는 행위라고 생각할 수도 있습니다. 그러므로 이 유인 요소는 우리 팀에게 더 유리하게 작용할 수 있다고 생각합니다.
본론	첫 번째 근거로, 장유유서는 도덕적 당위라고 말씀하셨습니다. 그리고 장유유서를 중요하게 여기지 않는다면 사회가 혼란해진다고 하셨습니다. 하지만 장유유서를 대체할 수 있는 요소는 많습니다. 노인 공경도 장유유서의 범위 안에 속하지만 의미는 다릅니다. 장유유서는 연령 질서를 확립하는 것이지만 노인 공경은 노인을 보살펴 주고 양로원을 설립하여 보호하며 평생 교육을 통해 노인 스스로 자립할 수 있게 도와주는 것입니다. 이처럼 장유유서를 대체할 수 있는 것으로 유교 윤리가 존재합니다. 또한 서양을 보면 유교 윤리가 존재하지 않아도 사회 질서가 잘 유지되고 있습니다. 그러므로 첫 번째 근거는 이번 주제에 부적절한 논리라고 볼 수 있습니다. 두 번째 근거로는 장유유서가 사회 발전을 이끌어 왔다고 말씀해 주셨습니다. 그리고 '어른'이라는 단어를 미성년자가 아니면서 올바른 판단을 할 수 있는 성숙한 개인이라고 정의하셨습니다. 이런 상대 팀의 주장은 어른이라는 범주를 축소하고 현실을 무시한 발언이라고 볼 수 있습니다. 그리고 옛날에는 정보의 양이 한정되어 지혜와 덕, 생존을 위한 지식을 노인이 많이 알고 있었습니다. 하지만 현대에는 책을 읽어서 지혜와 지식을 얻을 수 있을 뿐 아니라 인터넷도 발달해서 어른의 의미를 한정 짓는 것은 현대라는 시대를 무시한 발언이라고 볼 수 있습니다. 그리고 성숙한 개인으로서의 어른은 올바르게 판단할 수 있는 사람이므로 이런 사람의 의견을 따르면 사회 발전을 가져올 수 있다고 하셨습니다. 하지만 경험만으로 우대하는 것은 젊은이를 무시하는 행위라고 생각합니다. 그러므로 장유유서와 사회 발전은 서로 관련이 없다고 볼 수 있습니다.

본론	마지막으로 장유유서는 사회 기본 조직인 가족 간의 유대감 형성과 유지에 필요하다고 하셨습니다. 앞에서 말씀드렸듯이 외국에는 장유유서라는 개념이 없어도 가족과 사회 유지가 잘 된다는 것을 다시 한번 강조하고 싶습니다.
	우리 팀은 장유유서가 아예 없어져야 된다고 생각하진 않습니다. 장유유서의 본질은 어느 정도 필요하다고 생각하고, 그 본질은 장유유서의 의미인 노인 공경이라고 생각합니다. 하지만 나이 차이에 따른 질서와 서열이 존재한다는 의미는, 현대 사회의 발전과 고령화로 실버 산업이 중요하게 여기는 현대에서는 적합하지 않다는 것을 알 수 있습니다.
	악용 사례 반대로 긍정적인 영향도 있다는 것은 우리 팀도 압니다. 우리 팀이 제시한 지하철 사건도 밖으로 드러나서 극단적인 사례로 보이는 것입니다. 장유유서는 젊은이뿐만 아니라 어른에게도 불편합니다. 2015년 〈경기일보〉에 따르면, 노인은 나이에 따른 책임감과 젊은 사람들이 어려워한다는 점에서 부담스러워한다고 합니다. 나이 많은 사람은 젊은 사람들 입장에서는 한없이 어려운 존재입니다. 현대 사회에서 그런 인식은 노인에게도 피해를 준다고 볼 수 있습니다.
결론	그러므로 장유유서는 21세기 글로벌 시대에는 통하지 않으며 대체할 만한 유교 윤리가 존재한다는 것과 악용 가능성, 악용 사례를 들어 이번 주제에 반대하는 바입니다. 감사합니다.

[평가]

반대 팀 반박도 두 가지 점에서 우수하다. 첫째, 퍼블릭 포럼 디베이트에서 요구하는 반박 스피치의 구조를 잘 구현했다. 둘째, 상대 팀의 의견을 잘 이해했고, 자기 팀과 어느 지점에서 의견을 달리하는지 잘 파악했다.
옥의 티라면 ① 서론 부분에서 상대 팀의 논거를 핵심어를 중심으로 정리해 주지 않았다는 것이고, ② 〈허생전〉에 대한 반박은 무리였다고 판단한다.

4단계: 반박 후 교차 질의(총 3분)

양 팀의 반박 순서가 끝나고 다시 교차 질의가 시작되었다. 반박을 맡았던 양 팀의 두 번째 토론자들이 연단에 나와 교차 질의를 한다. 시간 제한은 양 팀 합쳐 총 3분이다. 두 팀이 번갈아 하는 교차 질의 발언 요지를 살펴보자.

그림 2-23 반박 후 교차 질의 발언 사례

시작하겠습니다. 우선 첫 번째로 상대 팀에서는 우리 팀이 유인 요소로 언급했던 〈허생전〉은 100년 전 이야기이므로 이번 주제에 적합하지 않다고 하신 것이 맞습니까?

예, 맞습니다.

하지만 우리 팀이 유인 요소로 여러분께 더욱 부각하고 싶었던 것은 〈허생전〉에서 알 수 있듯이 장유유서는 예전부터 이런 취지로 사람들에게 도입되기 시작했으며 조선 시대에도 잘 도입되고 있었다는 것, 그것을 말씀드리고 싶은 것일 뿐 현대에도 지켜져야 한다고 주장하고 싶었던 점은 아니라는 것입니다.

지금 말씀하신 그런 취지라는 것이 무엇인지 좀 더 설명해 주실 수 있으십니까?

어떤 취지를 말씀하시는 겁니까?

우리 팀은 아까 〈허생전〉의 예에서 장유유서가 시작되었다고 하셨는데 그런 예가 무엇인지요?

예를 들어 밥상머리 교육, 즉 식사할 때 자신보다 연장자가 숟가락을 먼저 들 때까지 기다려야 한다든가, 아니면 연장자에게 여러 가르침을 얻는다든가, 그런 것을 말하는 것입니다.

우리 팀이 질문해도 되겠습니까?

예, 먼저 하십시오.

우선 윗사람과 아랫사람 사이에 소통이 어려워진 이유는 그냥 세대 차이라고 말씀해 주셨는데, 그게 맞습니까?

예, 맞습니다.

그런데 그 이유는 장유유서 때문이라고 생각하시는건데요. 윗사람과 아랫 사람의 소통이 어려워진 이유는 장유유서의 기본 개념인 나이 차이에 따른 질서와 서열이 존재하기 때문이라고 생각합니다. 이에 대해 어떻게 생각하십니까?

장유유서를 통해 사회가 잘 유지되고, 그 결과 우리나라의 질서가 더 잘 유지된다고 볼 수 있습니다. 무조건 서양을 따라가야 한다는 것은 아니지만, 서양은 나이 장벽이 허물어져서 나이 차이가 많이 나더라도 서로 친구처럼 지낼 수 있다는 점이 부각되는 것이 사실입니다. 하지만 우리나라에도 우리만의 특성이 있는 만큼 장유유서를 통해서 사람들 사이의 장벽이 조금 있을지라도 크게 문제되지 않는다는 점을 알려드리고 싶습니다.

질문 또 드려도 되겠습니까?

예, 먼저 하십시오.

아까 입안자께서 교차 질의할 때 장유유서의 기본 뿌리가 지켜지고 있고, 그 뿌리는 어른 공경이라고 하셨습니다. 그런데 어른 공경이란 장유유서의 기본 의미인 연령 질서를 무시하는 것 아닙니까?

왜 그렇게 생각하십니까?

장유유서의 기본 뿌리에는 연령 질서를 확립한다는 의미도 있습니다. 하지만 무작정 노인 공경만을 생각한다면 장유유서의 기본 이념을 잘못 파악하셨다고 생각합니다.

상대 팀에서도 장유유서를 대체할 수 있는 원리로 노인 공경을 말씀하셨는데, 그런 점에서 노인 공경으로 축소 해석하신 것으로 판단됩니다. 우리 팀에서 일단 질문 하나만 드리겠습니다. 상대 팀께서는 우리 팀이 어른의 정의를 축소 해석하셨다고 하시면서 현실을 무시했다고 말씀하신 게 맞습니까?

예, 맞습니다.

하지만 상식적으로 우리 팀이 설명한 어른은 범죄자 등 그런 비정상적인 생활을 하는 사람을 제외하고 우리가 본받을 만한 모든 사람을 포함한 것입니다. 따라서 축소 해석이 아니라고 판단했습니다.

공자를 예로 들어 우리 팀이 이야기하고 싶은 것을 말씀드리겠습니다. 공자는 사회적 이념을….

시간이 종료되었습니다!

5단계: 요약(총 6분)

이어서 요약 순서이다. 요약을 맡은 두 팀의 첫 번째 토론자가 번갈아 연단에 나와 발언을 시작한다. 발언 제한 시간은 한 팀당 3분씩 총 6분이다. 두 팀의 요약 발언 요지를 살펴보자.

[먼저 발언 팀] 요약 ─ 찬성(3분)

주제에 찬성하는 [먼저 발언 팀]부터 요약을 시작한다. 찬성 팀의 요약 발언 요지를 살펴보자.

표 2-24 [먼저 발언 팀]의 찬성 요약 발언 사례

서론	안녕하십니까? 이번 주제에 찬성하는 팀에서 요약을 맡은 ○○○입니다.
	먼저 지금까지 토론해 왔던 내용을 바탕으로 양 팀의 주장을 정리해 보겠습니다. 찬성 팀은 첫째로 우리나라의 근간이자 당위성을, 둘째로 사회의 발전을, 마지막으로 가족 간의 우애와 질서 유지를 들었습니다.
	그리고 반대 팀은 첫째로 시대의 변화를, 둘째로 장유유서의 대체 유무를, 마지막으로 악용 사례를 들었습니다.
	그 과정에서 우리 팀은 두 가지 쟁점을 찾았습니다.

본론	첫째, 찬성 팀은 장유유서를 영구히 지속해야 할 가치라고 주장한 반면, 반대 팀은 과거에만 한정 지었습니다. 하지만 우리 팀은 다음 이유로 저희의 주장이 더 옳다고 생각하는 바입니다. 정보화 시대여서 젊은 사람들도 지식이 많다고 하지만, 아무래도 경험이 더 많을 수밖에 없는 노인의 순발력과 상황 대처 능력이 젊은 층보다 뛰어날 수밖에 없습니다.
	또한 서양에는 장유유서라는 말이 없어도 사회 질서가 잘 유지되고 있다고 하셨는데, 비록 서양에서는 장유유서라는 단어는 존재하지 않지만 어른과 연장자를 존경하는 것은 예로부터 지켜 내려온 기본 덕목입니다. 특히 아무런 정보 기기도 없었던 예전에는 경험과 지식이 많은 연장자를 따르고 존경하는 것이 당연했을지도 모릅니다. 그리고 그러한 문화가 자연스럽게 봉착했을 수 있고, 그에 따라 앞으로도 지금도 충분히 지켜질 수 있다고 생각합니다.
	그리고 두 번째 쟁점으로, 찬성 팀은 장유유서가 사회 발전을 가져오고 가족 간의 질서와 우애를 지킬 수 있다고 주장한 반면, 반대 팀은 장유유서는 악용된 사례가 있어서 반대한다고 했습니다. 하지만 우리 팀은 이 주장 역시 저희가 옳다고 생각합니다. 물론 악용된 사례가 있을 수도 있지만, 그러한 사례는 극소수일 뿐더러 지금이라도 우리가 점점 노력해 나간다면 충분히 줄여 나갈 수 있습니다. 우리가 알려 드리고, 캠페인 등의 방법을 활용해서 전파해 나간다면 악용 사례는 줄어들고 효과는 증폭할 수 있을 것으로 생각합니다.
결론	우리 팀은 이번 토론에서 쟁점을 시간과 장소의 한계, 좋은 효과와 악용 가능성 이렇게 두 가지로 잡았습니다. 그 이유 때문에 우리 팀의 주장이 맞다고 생각하는 바입니다. 감사합니다.

[평가]

찬성 팀의 요약은 두 가지 점에서 우수했다. 그 이유는 첫째 오늘 디베이트에서의 쟁점을 찾아내려고 노력했을 뿐 아니라, 둘째 쟁점별로 상대 팀의 허점과 자기 팀의 장점을 효과적으로 드러내려고 애썼기 때문이다.

[먼저 발언 팀]은 오늘의 쟁점을 ① 장유유서라는 가치의 본질을 이해하고, ② 장유유서의 효과와 부작용 가운데 무엇을 우선으로 할 것인지를 문제로 파악했다.

[나중 발언 팀] 요약 — 반대(3분)

이어서 [나중 발언 팀]에서 반대 요약을 맡은 토론자가 연단에 나와 요약 발언을 시작한다. 시간 제한은 역시 3분이다. 반대 팀의 요약 발언 요지를 살펴보자.

표 2-25 [나중 발언 팀]의 반대 요약 사례

서론	안녕하십니까? '장유유서는 현대에도 지켜야 할 덕목이다.'라는 주제에 반대하는 팀에서 요약을 맡은 ☆☆☆입니다. 먼저 우리 팀이 이번 주제에 반대하는 이유를 세 가지 논거로 시대의 변화, 대안 가능성, 그리고 악용 가능성을 제시했습니다. 시대가 변화하면서 장유유서 때문에 세대 간의 소통이 어려워지고 여러 가지 어려움이 발생하고 있습니다. 또한 장유유서는 다른 윤리로 대체할 수 있는데, 장유유서라는 개념 자체가 없는 서양에서도 사회 질서나 윗사람과 아랫사람 간의 연령 질서가 잘 지켜지고 있습니다. 그러므로 장유유서란 단어는 꼭 필요하지 않다고 생각합니다. 마지막으로 많은 노인들이 장유유서를 악용하여 나이가 많다는 이유만으로 더 좋은 대우를 요구하고 어린 사람을 무시하고 있습니다. 반면 찬성 팀에서도 세 가지 논거를 들어 이번 주제에 찬성했습니다. 먼저 장유유서는 도덕적 당위이기 때문에 없애면 대한민국 전체에 분란이 일어날 것이라고 했습니다. 둘째로는 장유유서가 사회 발전에 기여한다고 했는데 어른은 다른 사람들에게 존중받을 만큼 성숙한 개인이므로 그들을 따르면 사회가 발전한다고 했습니다. 마지막 논거로는 가족 간의 우애 신장을 들어 서로 존중해 주고 믿음을 이루면서 가족 간의 관계가 더욱 돈독해진다고 말씀하셨습니다.
본론	우리 팀은 이번 토론에서 두 가지 쟁점을 찾아낼 수 있었습니다. 첫 번째 쟁점은 바로 어른의 기준입니다. 상대 팀에서는 어른이 단순히 나이가 많은 성인이 아니라 존중할 만한 가치가 있고 잘 배운 성숙한 개인이라고 하셨습니다. 그러나 이 기준은 불분명하며 현실적으로 구분하기 어렵습니다. 그래서 우리 팀은 어른은 그냥 사전적 의미 그대로 나이가 많은 사람이라고 생각하는 바입니다. 두 번째 쟁점은 장유유서가 사회에 미치는 영향입니다. 찬성 팀에서는 장유유서가 사회 발전에 기여해서 긍정적인 영향을 미친다고 하셨습니다. 하지만 우리 팀은 글로벌 시대와 고령 사회로 진입하고 있는 요즘에 장유유서는 부적합하다고 생각하면서 부정적인 영향을 더 많이 미친다고 생각합니다.
결론	그래서 우리 팀은 이 두 가지 이유로 이번 주제인 '장유유서는 현대에도 지켜야 할 덕목이다.'에 반대하는 바입니다. 경청해 주셔서 감사합니다.

[평가]

[나중 발언 팀]의 요약 역시 우수했다. 오늘 디베이트에서의 쟁점을 찾아내려고 노력했을 뿐더러, 쟁점별로 상대 팀의 허점과 자기 팀의 장점을 효과적으로 드러내려고 애썼기 때문이다.

[나중 발언 팀]은 오늘의 쟁점을 ① 어른의 용어 정의, ② 장유유서의 효과를 판단하는 문제로 파악했다. 한 가지 아쉬운 점은, 상대 팀과 자기 팀의 입장을 다시 한번 요약하는 데 시간을 많이 썼다는 것이다.

6단계: 전원 교차 질의(총 3분)

그다음 전원 교차 질의 순서가 이어진다. 토론자 모두 참여하여 질문하고 답변한다. 시간 제한은 양 팀 합쳐 3분이다. 두 팀이 전원 교차 질의 순서에서 발언한 요지를 살펴보자.

그림 2-24 전원 교차 질의 발언 사례

우리 찬성 팀에서 반대 팀에게 질문 하나 드리겠습니다. 요약을 맡으신 토론자께서 두 번째 근거를 말씀하실 때, 서양에서는 장유유서의 개념 자체가 없다고 발언하신 것이 맞습니까?

맞습니다.

하지만 서양에서 장유유서의 개념이 없는 것이 아니라, 말씀드렸듯이 다른 나라에 가면 다른 언어로 변환될 수 있다는 것입니다. 우리나라에서는 장유유서라는 말을 사용하지만 다른 나라에서는 본질은 그대로 있으면서 다른 언어로 쓰이는 개념입니다. 장유유서는 법이 아니라 풍습이므로 모든 나라에 다 있다고 말씀드리고 싶습니다. 이에 대해서 어떻게 생각하십니까?

우리 팀은, 장유유서는 풍습이 아니라 단순히 나이가 많은 사람을 공경하는 어른 공경이라고 말씀드리고 싶습니다.
우리 팀이 먼저 질문 하나 드리겠습니다. 아까 아프리카 속담을 예로 들었는데, 노인이 죽으면 도서관이 사라진 것과 같다고 발언하신 것이 맞습니까?

예.

우리 팀에서는 그 속담은 옛날을 한정해서 본 현상이라고 생각합니다. 왜냐하면 현대 사회에서는 책을 읽어서 지혜와 지식을 얻을 수 있는데, 이에 대해서 어떻게 생각하십니까?

일단은 아프리카 속담이 나온 정확한 시기는 그렇게 오래된 것이 아니라고 주장되는 바이고, 고대 그리스의 속담에서도 동서고금을 불문하고 충분히 가치 있는 현상이라고 생각합니다

하지만 우리 팀이 주장하고 싶은 것은, 노인이라고 해서 모두 많은 지혜와 지식을 갖추고 있다고는 볼 수 없다는 점입니다.

맨 처음 입안할 때 우리 팀 첫 번째 토론자가 정리했듯이, 어른이란 충분히 존경받을 만한 사람이며 그만큼 가치가 있는 분입니다. 대부분의 어른들은 상황에 적당히 대처할 만한 묘안 등을 청춘보다 충분히 더 숙지하고 있다고 생각합니다.

하지만 그런 현상은 문제점을 직시하지 않고 이상적인 것만 추구하는 현상과 비슷하다고 생각합니다. 이런 주장은 현대 사회에서 모순되게 나타날 수 있고, 결국 현실적으로 불가능하다는 의미를 지니고 있습니다. 지금 상대 팀에서 주장하는 장유유서를 현재도 지켜야 한다면 많은 사회 문제를 일으킬 것이라는 의미 아닙니까?

장유유서에서 어른을 존경하는 자체는 전혀 문제가 되지 않습니다. 사람들 사이에서 나이 차를 존중하고 그에 따라 사회가 전체적으로 운영되는데 어떻게 악용될 수 있을까요? 만약 악용한다 해도 또 다른 장유유서의 개념이 덮어 줄 수 있다는 점을 강조하고 싶습니다.

여기에서 다른 질문 하나 드려도 되겠습니까? 상대 팀에서는 가족 간의 우애를 말씀하시면서 서양에서는 장유유서라는 단어가 없는데도 가족 간의 우애가 지켜지고 있다고 발언했는데, 맞습니까?

맞습니다.

우리 팀이 마지막으로 짚고 넘어가고 싶은 점이
바로 가족에 관한 것이었습니다. 서양에서는….

시간이
종료되었습니다!

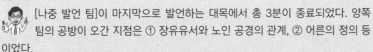

[평가]

[나중 발언 팀]이 마지막으로 발언하는 대목에서 총 3분이 종료되었다. 양쪽
팀의 공방이 오간 지점은 ① 장유유서와 노인 공경의 관계, ② 어른의 정의 등
이었다.
질문 내용과 답변을 들어 보면 양 팀 토론자는 오늘의 주제가 던져 주는 문제 의식을
잘 이해했고, 또 상대 팀과 자기 팀의 의견 차이가 어디서 벌어졌는지 잘 파악했다.

7단계: 마지막 초점(총 4분)

퍼블릭 포럼 디베이트의 맨 끝 순서이다. 마지막 초점을 맡은 양 팀의
두 번째 토론자가 번갈아 연단에 나와 발언을 시작한다. 발언 제한 시
간은 한 팀당 2분씩 총 4분이다. 두 팀의 마지막 초점 요지를 살펴보자.

[먼저 발언 팀]의 마지막 초점 — 찬성(2분)

[먼저 발언 팀]의 두 번째 토론자가 연단에 나와 이번 주제
에 찬성하는 마지막 초점 발언을 시작한다. 찬성 팀의 마지
막 초점 발언 요지를 살펴보자.

표 2-26 [먼저 발언 팀]의 찬성 마지막 초점 발언 사례

서론	시작하겠습니다. 안녕하십니까? '장유유서는 현대에도 지켜야 할 덕목이다.'라는 주제에 찬성하는 팀에서 마지막 초점을 맡은 △△△입니다. '노인 한 분이 죽으면 도서관 하나가 눈앞에서 불타 없어지는 것과 같다.'라는 속담을 들어 보셨나요? 이 속담은 이전에 유럽의 식민지였던 아프리카에서 유래합니다. 또한 '집안에 노인이 안 계시면 다른 집의 노인이라도 데려와 모셔라.'라는 고대 그리스의 속담도 있습니다.
본론	장유유서는 동서고금을 막론하고 어떤 사회, 문화에서든 항상 강조되어 왔습니다. 다른 나라에서는 장유유서라는 용어를 사용하지 않을 수도 있지만 본질은 어떤 나라에서든 그리고 어떤 경우에서든 항상 인간의 삶에서 밑바탕이 되었고 대대로 배웠습니다. 장유유서는 법이 아니라 풍습이며 모두 지켜야 할 당위이기 때문입니다. 사람들은 노인을 단순히 공경할 대상을 넘어서 경륜으로 인식합니다. 현재까지 삶을 더 오래 산 경험으로 상황에 대처하는 방법도 지혜롭습니다. 우리보다 몇 배 더 살아오면서 겪은 일을 통해 지혜로운 선택을 하는 게 당연한 수준입니다. 마지막으로 디베이트를 마치면서 장유유서와 관련해서 제가 경험한 이야기를 들려 드리려고 합니다. 저뿐만 아니라 여러분도 한번쯤 겪었을 것이므로 충분히 공감할 것입니다. 저희 어머니께서는 아파트에서 환경 미화원 아주머니나 경비원 할아버지들을 마주칠 때마다 항상 꼬박꼬박 인사를 하십니다. 인사를 하는 것은 그분들에 대한 최소한의 고마움의 표시라고 하셨습니다. 저희 어머니는 연세가 좀 많으신 아파트 단지 직원 분들 사이에서도 꽤 안면이 있으신 분입니다. 그에 따라 저 그리고 제 친구들도 항상 그분들을 뵐 때마다 매번 꼬박꼬박 인사를 하는 습관이 생겼습니다. 예의를 갖춰서 대하자 그분들은 점점 보람 있어 하시면서 60이 넘는 나이까지 퇴직하고 나서도 이런 일을 하기 잘했다 그런 말을 자주 하십니다. 이렇게 장유유서를 실천하시는 부모님을 따라 저 역시 그분들에게 예의를 갖춰서 행동하면 아파트 분위기를 긍정적으로 이끌어 갈 수 있을 것입니다.
결론	우리 팀은 장유유서는 꼭 지켜야 한다는 점을 다시 한번 강조하고 싶습니다. 감사합니다.

[평가]

[먼저 발언 팀]은 장유유서를 시대와 장소를 뛰어넘는 가치로 해석하면서 '따라서 현대에도 지켜야 할 덕목이다.'라고 주장했다. 뒷부분에서는 토론자 자신의 경험을 들어 마무리 효과문으로 잘 정리했다.

[나중 발언 팀]의 마지막 초점 — 반대(2분)

 이어서 [나중 발언 팀]의 두 번째 토론자가 연단에 나와 이번 주제에 반대하는 마지막 초점 발언을 시작한다. 반대 팀의 마지막 초점 발언 요지를 살펴보자.

표 2-27 [나중 발언 팀]의 반대 마지막 초점 발언 사례

서론	안녕하십니까? '장유유서는 현대에도 지켜야 할 덕목이다.'라는 주제에 반대하는 팀에서 마지막 초점을 맡은 □□□입니다. 여러분, 영화 〈인턴〉을 아십니까? 이 영화에서는 인턴에 합격한 70대와 30대 CEO가 친구처럼 지내는 장면이 나옵니다. 이게 가능한 이유는 나이를 따지지 않는 서양 문화와 유(You)라는 호칭 문화가 자리 잡혀 있기 때문입니다. 30대 CEO가 70대 인턴에게 '유'라고 해도 아무 문제가 되지 않아 친구 관계가 형성될 수 있는 것입니다. 서양에서는 나이에 상관없이 누구나 친구가 될 수 있다는 것을 보여 줍니다.
본론	하지만 우리나라 혹은 유교 윤리를 바탕으로 한 사회에서는 어떨까요? 아마도 어린 것이 돈만 밝힌다는 등 여러 불평불만과 비난을 늘어놓을 것입니다. 이러한 현상이 일어나는 이유는 장유유서의 기본 개념인 연령 질서를 확립해야 한다는 의미 때문입니다. 장유유서 이념이 계속된다면 21세기 글로벌 시대, 지구촌 시대에는 사회 발전의 걸림돌이 될 수 있습니다. 특히 고령화 사회에서는 실버 산업이 활성화되어야 하는데, 장유유서는 세대 간의 소통을 힘들게 만들 수 있다고 주장하는 바입니다. 오히려 사람들은 나이가 많다는 이유로 노인들을 부담스러워합니다. 나이가 많으면 젊은이들이 한없이 어려워하는 존재라는 인식 때문에 현대 사회에서는 노인들이 많은 부담감을 갖고 살아가는 게 현실입니다.
결론	우리 팀은 장유유서가 아예 사라져야 된다고 생각하지는 않습니다. 하지만 우리나라에는 다른 유교 윤리도 존재하고 존댓말도 사용합니다. 이로써 어른 공경, 노인 공경의 예의를 엿볼 수 있다고 생각합니다. 하지만 변화하는 사회의 흐름 속에서 2000년 전의 이념인 장유유서를 현대에도 계속 지켜 나가야 한다면 앞에서 말한 어려움을 겪을 수 있습니다. 그러므로 우리 팀은 장유유서는 현대와 맞지 않는 이념이라고 생각하고, 이번 주제에 반대하는 바입니다. 감사합니다.

[평가]

예상한 대로 [나중 발언 팀]은 글로벌 시대에 장유유서란 부적합한 가치이고, 따라서 대체되어야 한다고 주장했다. 다만, 실버 산업을 언급한 것은 무리였다고 판단한다.

이제 디베이트 순서가 모두 끝났다. 디베이터들은 서로 악수를 하고 퇴장한 뒤 심판의 판정을 기다린다. 디베이트 대회와 달리 디베이트 수업에서는 팀별로 잘 한점, 부족한 점 등을 교사(코치)가 평가(강평)를 할 뿐 승패를 묻는 경우는 드물다. 승패를 가리는 것이 디베이트의 목적이 아니라는 것을 모두 잘 알기 때문이다.

▶ 다른 디베이트 대회가 있다면 퇴장한 뒤 바로 다음 경기장으로 이동한다.

[실전] 퍼블릭 포럼 디베이트 총평

한 가지 아쉬운 점이 있다면 '전략 비교'를 다루지 않았다는 것이다. 학생들이 이번 주제를 좀 더 전략적으로 다루었더라면 좋았을 것이다. 디베이트를 하다 보면 논거와 그에 대한 반박, 그리고 순서마다 요구하는 바에 지나치게 매몰되는 경우가 많다. 그 결과 상대 팀과 자기 팀의 전략을 비교하는 것에 소홀해진다. 다르게 말하면 나무에 집중하느라 숲을 보지 못한다. 두 팀의 전략을 서로 비교하는 디베이트가 되었다면 훨씬 더 멋졌을 것이다.

한국토론대학에서 '일본 원전 오염수 해양 방류는 정당하다.'를 주제로 최근에 실시한 퍼블릭 포럼 디베이트 대회의 심판 채점표 예시를 소개한다.

그림 2-25 한국토론대학의 심판 채점표 예시

한국토론대학
Debate Institute of Korea

심판 이름: 정○○   심판 서명 _____   조   초등 /(중등)   라운드 1 /(②)

디베이트 주제: 일본 원전 오염수 해양 방류는 정당하다.

팀 이름(토론 만세) (찬성)/ 반대	팀 이름(최선 디베이트) 찬성 /(반대)
참가 학생 이름: 이○○, 김○○	참가 학생 이름: 박○○, 김○○
태도: _____ 5	태도: _____ 5
디베이트 형식: _____ 4	디베이트 형식: _____ 4
디베이트 전략: _____ 4	디베이트 전략: _____ 4
스피치: _____ 4	스피치: _____ 5

• 5점: 아주 뛰어남   • 3점: 보통   • 1점: 기준 이하

팀 포인트 합계(17)	**팀 포인트 합계(18)**
심판의 코멘트	심판의 코멘트

- 입안의 세 번째 논거로 오염수를 계속 저장함으로써 부작용이 발생한다는 점을 제시한 것이 인상적이었습니다. 오염수 방류가 안전함을 입증하기 위한 논거만을 준비하지 않고, 다채로운 시각에서 논거를 바라본 점을 매우 칭찬하고 싶습니다. 그만큼 주제 해석에 공을 많이 들였음이 느껴졌습니다.

- 입안, 교차 질의에서 '오염수이다.'와 '식수가 아니다.'라는 명제가 같지 않다는 점을 예리하게 지적한 점이 매우 인상적이었습니다. 역시 용어 정의와 주제 해석이 잘 되었다는 증표라고 판단했습니다.

- 반박과 교차 질의 과정에서 풍부한 수치 자료와 사례를 활용한 것에서 리서치가 충분히 이루어졌음을 알 수 있었습니다.

- 다만, 질문과 답변은 '더 짧고 간결하게' 준비해 주시는 것이, 우리 팀의 주장을 더 단호하게 펼칠 수 있는 방법이자 상대 팀에 대한 배려라는 점을 인지해 주시기 바랍니다. 이 부분을 보완한다면 두 분 모두 훌륭한 디베이터로 성장하리라 믿어 의심치 않습니다.

- 전반적으로 입안의 논거와 근거가 매우 탄탄했습니다. 특히 '자료의 불충분성'이라는 논거에서 표본의 충분함이나 적절성 등을 지적한 점이 인상적이었습니다.

- 반박 과정에서 삼중수소에는 여러 종류가 있음을 언급하고, 이를 통해 상대 팀의 '안전성'이라는 논거의 허점을 지적한 것을 보고 상당히 감탄했습니다.

- 화학 용어인 '삼중수소'가 어렵게 느껴져서 대충 의미만 알고 넘어갈 수도 있었을 텐데, 논제를 깊이 이해하고자 하는 지적 성취욕이 훌륭한 반박을 만들어 냈다고 생각합니다.

- 반박, 교차 질의 과정에서 과학적 관점뿐만 아니라 국가 간의 관계도 고려해야 한다는 지적은 본 주제를 입체적으로 이해하고 있다는 것의 증표라고 판단했습니다. 하나의 관점에만 매몰되지 않고 여러 맥락을 종합하여 사고하는 자세에 박수를 보냅니다.

- 다만, 전체 교차 질의에서 더 협동적인 모습을 보였으면 좋았을 텐데 아쉽습니다.

이번 디베이트에서는 찬성 /(반대)(최선 디베이트 팀)이(가) 승리했습니다.

퍼블릭 포럼 디베이트 Q&A

퍼블릭 포럼 디베이트를 진행할 때 자주 마주치는 문제 30개와 해결 방법을 소개한다. 강의할 때 자주 받는 질문을 모아 정리했다.

Q01_ 찬반과 선후를 정할 때 꼭 동전 던지기로만 해야 하나요? 가위바위보로 하면 안 되나요?

가위바위보로 해도 된다. 하지만 동전 던지기는 디베이트 전통이다. 그 나름대로 문화로 정착된 부분이니 동전 던지기를 원칙으로 하되, 다른 방식을 선택해도 된다. 실제 대회에서는 가위바위보로 하거나 추첨통을 준비해서 사용하는 심판도 있다.

Q02_ 디베이트 순서를 심판이 고지해 주나요?

그렇지 않다. 참가자가 알아서 순서대로 진행해야 한다. 간혹 순서가 틀리는 경우가 있는데, 이때는 심판이 정정해 준다. 하지만 감점 대상이다.

Q03_ 리서치한 자료를 보여 주면서 진행해도 되나요?

예를 들어 통계 자료를 표로 만들어 와서 보여 주면서 이야기하는 경우도 있다. 물론 좋다. 하지만 디베이트 대회는 논리 대결을 중시한다. 프레젠테이션 대회가 아니다. 보조 자료를 써도 되지만, 디베이트에서는 논리 대결을 하는 대회라는 점을 명심해야 한다. 논리는 허술하게 처리하면서 자료만 보여 주면 좋은 점수를 받지 못한다.

Q04_ 가짜 통계 자료를 인용했다면 어떻게 되나요?

심판이 전지전능할 수는 없다. 그래서 그 자리에서는 먹힐 수도 있다. 하지만 이상하다는 생각이 들 경우 나중에 확인해 볼 것이다. 그때 가짜라는 것이 드러나면 모든 상훈을 박탈하고, 향후 디베이트 대회 참가 신청조차 못 할 수도 있다. 디베이트에는 '정직의 의무'라는 것이 있다. 디베이트에서 제시하는 자료는 사실이어야 한다는 규정이다.

Q05_ 입안 발언을 할 때 논거를 꼭 서너 가지 들어야 하나요? 두 가지 또는 다섯 가지, 그 이상 들면 안 되나요?

두 가지만 들면 심판과 청중이 무언가 허술하다고 느낄 것이다. 그러나 다섯 가지가 넘으면 집중도가 떨어져서 심판과 청중에게 좋은 인상을 줄 수 없다. 그래서 논거는 서너 가지가 가장 적절하다.

Q06_ 상대 팀이 입안 순서에서 용어 정의를 할 때 자의적으로 제한하거나 확대 해석하는 경우가 있는데, 이럴 때는 어떻게 해야 하나요?

디베이트에서 이기려는 욕심에 그렇게 하는 경우가 있다. 주제를 자기 쪽에 유리하게 해석하는 것이다. 하지만 이는 곧바로 교차 질의나 반박에서 "상대 팀은 오늘의 주제와 핵심어를 자의적으로 해석하고 있다."는 공격을 받을 수 있다. 심판과 청중이 볼 때 그 공격이 맞다고 인정하면 좋은 점수를 받을 수 없다. 결과적으로 디베이트를 오래 경험하면 주제와 핵심어를 '상식'선에서 해석한다.

Q07_ 발언하는데 정해진 시간을 넘겼다면 어떻게 행동해야 하나요?

그 자리에서 바로 멈추는 게 원칙이다. 그런데 어떤 디베이트 대회에서는 '5초 이내 등 가장 빠른 시간 안에 정리하라는 규정을 두기도 한다. 어쨌든 시간 관련 규정을 무시하면 디베이트에서 큰 실책으로 여겨 감점 대상이 된다.

Q08_ 정해진 시간을 못 채웠을 때에도 감점되나요?

자기 팀에게 주어진 시간을 제대로 이용하지 못했으니 감점 대상이다. 하지만 구체적으로 어떻게 감점이 이뤄지는지 대회마다 규정이 다를 수 있다. 대회 규정을 확인해야 한다.

Q09_ 우리 팀이 정해진 시간을 못 채웠을 때 다음 발언 순서에서 그 시간만큼 사용해도 되나요?

일단 발언이 끝나면 끝난 것이다. 나중에 사용할 수 없다. 상대 팀이 발언 시간을 못 채우고 연단을 떠났다면, 다른 팀의 토론자가 바로 나와서 발언한다.

Q10_ 우리 팀 반박 순서인데, 상대 팀이 입안 발언할 때 제시한 논거 가운데 일부를 반박하지 않았다면 어떤 일이 벌어지나요?

그렇다면 심판과 상대 팀은 이 논거에 대해서만큼은 자기 팀의 의견에 동의한다고 간주할 것이다. 그러니 될 수 있는 한 조목조목 반박하는 것이 좋다.

Q11_ 연단에서 발언할 때 자기 팀의 다른 참가자와 상의할 수 있나요?

일단 연단에 나왔으면 가능하지 않다.

Q12_ 혼자 연단에 서서 발언할 때 시선 처리는 어떻게 하는 게 좋나요?

상대 팀을 보면 안 된다. 눈은 심판과 청중을 향해야 한다. 심판과 청중의 눈을 지그재그로 번갈아 맞추며 자신 있게 발언해야 한다.

Q13_ 토론자가 발언할 때 원고를 읽다시피 한다면 감점 대상인가요?

디베이트는 스피치 대회이다. 원고를 낭독하는 대회가 아니다. 그러므로 원고에 지나치게 의존해서 발언하면 감점 대상이 된다. 추천하는 방법은, 손바닥만한 메모 카드에 요점을 적어 가끔 보면서 발언하되, 주로 심판과 청중을 주시하며 발언하는 것이다.

Q14_ 우리 팀이 너무 잘해서 격려하는 차원에서 박수를 치고 싶은데요!

안 된다. 경기에 영향을 주는 일은 삼가야 한다. 손가락
으로 책상 위를 두드리는 방식으로, 그러니까 경기에 영
향을 주지 않는 범위 내에서 격려 의사를 표시하는 정
도로 전달할 수는 있다.

Q15_ 입안 발언을 맡은 사람이 요약을, 반박을 맡은 사람이
마지막 초점을 반드시 맡아야 하나요?

그렇다. 2:2로 진행할 때 퍼블릭 포럼 디베이트의 규정
이다.

Q16_ 교차 질의 순서에서 상대 팀이 질문을 너무 길게 한다
면 어떻게 해야 하나요?

디베이트하는 모습을 바라보는 심판과 청중의 마음을
헤아리는 것이 좋다. 질문이 핵심도 없이 길어진다면 심
판도 지루할 것이다. 이럴 때에는 "질문의 핵심이 무엇
입니까?"라고 중간에 한번 끊어 주는 것이 좋다. 그래도
질문이 길어지면 "다시 묻습니다. 질문의 핵심이 무엇입
니까?"라고 또 끊어 주면 된다. 이렇게 했는데도 질문이
길어지면 "상대 팀이 질문할 의사가 없는 것으로 간주하
고 제 질문을 하겠습니다."라고 해도 좋다.

중요한 것은, 교차 질의의 정신은 지켜 나가되 예의에
맞게, 그러나 할 말은 하는 식으로 해야 한다는 점이다.
질문이 길지도 않은데 상대 팀이 중간에 끊고 들어간다
면 심판과 청중은 무례하다고 판단할 것이다.

Q17_ 교차 질의 발언을 할 때 상대 팀이 연속해서 질문한다
면 어떻게 해야 하나요?

이건 테크닉의 문제다. 답변을 하면서 질문으로 이어가
는 기술을 익히면 된다.

Q18_ 교차 질의를 하다가 과열될 때 심판이 개입하나요?

디베이트에서 심판은 될 수 있는 한 관여하지 않고 지
켜만 봐야 한다. 그런데 디베이터들이 주먹다짐까지 하

는 상황이라면 심판은 개입할 것이다. 심판은 될 수 있는 한 지켜보기만 하되, 문제가 지나치게 커지면 개입할 수밖에 없다.

Q19_ 입안, 반박, 요약, 마지막 초점 발언을 할 때 단상에서 상대 팀에게 질문해도 되나요?

발언하면서 의문형을 쓸 때가 있다. "이렇게 한다면 우리 사회가 어떻게 되겠습니까?"라는 식으로 말이다. 하지만 상대 팀의 답변을 듣기 위한 질문은 허용되지 않는다. 질의응답은 교차 질의와 전원 교차 질의 순서에서만 할 수 있다.

Q20_ 상대 팀이 발언할 때 우리 팀 토론자와 작전을 짜고 싶은데 대화해도 되나요?

디베이트에서 배우는 가치는 상대방을 존중하는 자세이다. 이는 경청하는 태도에서 드러난다. 상대방이 말할 때 방해해서는 안 된다는 뜻이다. 아주 작은 소리로, 될 수 있는 한 필담으로 의견을 주고받아야 한다.

Q21_ 상대 팀이 준비 시간을 신청했을 때 우리 팀은 그 시간에 무엇을 하나요?

같이 준비하면 된다. 농구에서 상대 팀이 타임을 요청하면 자기 팀도 모여 작전을 짜는 모습을 떠올리면 된다.

Q22_ 발언할 때 준비한 시계를 사용해도 되나요?

숙련된 디베이터는 초시계를 휴대하고 가끔 살펴보면서 발언한다. 이때 초시계는 시계 기능만 있는 것을 준비해야 한다. 검색 기능이 있는 스마트폰은 사용할 수 없다.

Q23_ 디베이트 현장에서 노트북을 사용할 수 있나요?

가능하지 않다. 노트북 등의 전자 기기는 디베이트를 시작하기 전에 전원을 끄고 가방에 넣어야 한다. 책상 위에는 노트와 자료, 필기도구만 올려놓을 수 있다.

Q24_ 디베이트 형식을 꼭 따라야 하나요?

퍼블릭 포럼 디베이트는 가장 쉬운 디베이트 형식이어서 초등학생도 참가하여 즐길 수 있다. 하지만 디베이트를 처음 시작할 때 이마저도 어렵게 느낄 수 있다. 이럴 때 어떤 디베이트 코치는 순서를 변형하여 진행하기도 한다. 세 가지 방법을 소개한다.

① 가장 대표적인 방법은 발언 시간을 줄이는 것이다. 학생들이 디베이트 형식을 아직 온전히 소화하지 못한 상태일 때 사용한다. 구체적으로는 4분 발언을 3분 또는 2분으로 줄여서 한다.

② 두 번째 방법은 처음부터 모든 형식을 다 따라 하는 것이 아니라 한 단계씩 정복해 가는 것이다. 그러니까 첫 번째 달에는 입안 발언하는 방법을 익히고, 두 번째 달에는 반박 발언하는 것을 익힌다. 그다음 달에는 요약, 또 그다음달에는 마지막 초점 발언하는 것을 익히는 식이다. 이렇게 한 단계씩 전진한다.

③ 세 번째 방법은 어려운 요약과 마지막 초점 순서를 아예 빼버리고 입안과 반박, 그리고 교차 질의만 하는 것이다. 특히 초등학교 교사들이 이 방법을 많이 사용한다. 입안과 반박, 그리고 교차 질의 순서는 초등학생도 어렵지 않게 접근할 수 있기 때문이다.

디베이트 수업에서라면 어떤 방법으로 하든 상관없다. 디베이트 코치의 재량에 달렸다. 꾸준히 하다 보면 누구나 기본 목표에 도달할 수 있다. 처음부터 디베이트 형식 그대로 진행하는 것도 괜찮다. 실수도 하고, 중간중간 고쳐 가면서 진행하면 된다.

다만, 디베이트 형식을 변형해서 진행할 때는 왜, 어떻게 변형하는지 학생들에게 알려 주자. 그렇게 해야 학생들이 디베이트의 기본 형식이 무엇인지를 염두에 두고 활동할 수 있다. 그리고 디베이트 대회 같은 공식 이벤트를 준비할 때에는 될 수 있는 한 변형하지 않는 것이 좋다.

Q25_ 한국디베이트코치 자격증이란 무엇인가요?

우리나라 최초의 디베이트 코치 자격증으로, 한국디베이트코치협회(www.koreadebate.org)에서 주관한다. 한국직업능력개발원에 등록된 민간자격증(등록번호: 제2012-0106호)으로 1급, 2급, 3급이 있다.

Q26_ 한국디베이트코치협회는 무슨 일을 하나요?

대한민국 코치들이 소속되어 있는 비영리 단체로, 전국 초·중·고등학생 디베이트 대회를 주최한다. 기관지로 〈한국디베이트신문〉을 발행하고 있다.

Q27_ 한국디베이트코치 자격시험을 시행하는 의미는 무엇인가요?

우리나라 디베이트의 수준과 디베이트 코치의 수준을 한 단계 업그레이드할 수 있는 계기를 마련한 것이다. 현재 전국 방방곡곡 많은 학교에서 방과 후 디베이트 수업을 하고 있으며, 토요 디베이트 학교도 열리고 있다. 하지만 디베이트 코치의 실력과 관련해서 학교 문의가 잦으며 학부모님들도 궁금해한다. 그래서 코치의 실력을 검증하는 방법으로 자격시험을 시행하는 것이다.

Q28_ 한국디베이트코치 3급 자격시험의 주 내용과 시험 범위는 어떻게 되나요?

• 출제 문제 수: 총 34문제
• 출제 유형: 4종
  [유형 1] 객관식 30문제(30점)
  [유형 2] 서술형 2문제(20점)
  [유형 3] 실습 입안서 작성(주제 3개 중 1개 선택, 25점)
  [유형 4] 주제 분석 작성(주제 3개 중 1개 선택, 25점)
• 시험 시간: 70분
• 합격 기준: 100점 만점에 80점 이상

시험 범위는 ① 디베이트의 개념, ② 디베이트 효과, ③ 퍼블릭 포럼 디베이트 각 순서의 심화 이해, ④ 집체 디베이트, ⑤ 코치의 자질 등이다.

Q29_ 한국디베이트코치 3급 자격시험은 어떻게 준비하면 되나요?

한국토론대학의 '디베이트 코치 양성 과정의 입문' 과정을 수강하거나 이 책으로 준비할 수도 있다.

Q30_ 한국디베이트코치 3급 자격시험에 합격했는데 이후 어떻게 해야 하나요?

3급 자격증을 취득했다면 2급에 도전할 자격이 있다. 2급 자격시험에서는 실제로 코치 역할을 할 수 있는지 여부를 테스트한다. 2급 자격증은 '디베이트 코치 양성 과정의 심화' 수준에 준한다. 2급 자격증을 취득했다면 1급에 도전할 자격이 있다. 1급 자격증은 '디베이트 코치 양성 과정의 토론 전문가' 수준에 준한다.

▶ 한국디베이트코치 자격시험을 자세히 알고 싶다면 03-4절 220~221쪽과 〈특별 부록〉 01을 참고하세요.

3장

수준 높은
디베이트를 하려면

"

지금까지 디베이트의 개념과 효과, 그리고 디베이트의 여러 형식 중에서 초보자에게 가장 적합한 퍼블릭 포럼 디베이트를 자세히 알아보았다.

디베이트를 몇 차례 하다 보면 자연스레 욕심이 생긴다.

"좀 더 수준 높은 디베이트를 하려면 어떻게 해야 할까?"

그래서 이 장에서는 이 문제를 해소할 수 있는 방법으로 디베이트 논리학과 주제 분석 방법을 살펴보고, 이어서 인문학 100권 디베이트를 소개한다. 마지막으로 코치가 디베이트 프로그램을 실제로 설계할 때 필요한 것을 안내한다.

"

03-1

논리학으로 수준 높은 디베이트를 해요!

수준 높은 디베이트를 하고 싶다면 디베이트 논리학을 배워야 한다. 디베이트는 논리의 대결이므로 논리학을 잘 익혀야 디베이트를 잘 할 수 있다. 논리학은 학생, 코치 모두에게 필요하다.

논리의 구조 알아보기

논리는 주장과 근거로 이루어진다. 그런데 주장과 근거는 디베이트에서만 필요한 게 아니다. 우리는 살아가면서 수많은 주장을 듣기도 하고, 또 주장하기 때문이다. 간단한 예를 들어 보자.

▶ 근거는 집 지을 때 주춧돌에 해당하고, 주장은 기둥으로 비유할 수 있다.

그림 3-1 주장과 근거의 올바른 관계

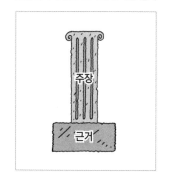

표 3-1 일상생활에서 사용하는 논리의 기본 구조

	주장 예		근거 예
1	"이번 시험 성적은 떨어질 게 틀림없어!"		"공부를 했어야 말이지."
2	"우리나라 축구의 근본 문제는 감독에게 있지."	왜 그렇게 생각해?	"그동안 우리 축구 팀 성적을 분석해 보면 선수보다 역시 감독한테 문제가 있어."
3	"올 하반기 매출액이 급상승할 것 같아."		"가을에 선보일 상품인데 벌써 주문이 많잖아."
4	"여름 점심 메뉴로는 냉면이 최고야!"		"더울 때는 뭐니 뭐니 해도 차가운 게 으뜸이니까…."

이 네 가지 예에서 가장 간단한 논리의 구조를 찾아볼 수 있다. 논리 구조는 이렇게 '주장 – 근거'가 한 쌍으로 이루어진다. 아무리 복잡한 논리 구조일지라도 분석해 보면 하나의 단위로 정리할 수 있다. 디베이트에서 사용하는 논거도 '주장 – 근거'의 형태이다.

논리학은 여기에서 출발한다. 그러므로 이 논리 구조를 정확하게 구사할 수 있다면 논리학의 절반은 해치운 셈이 된다. 논리학에서는 주장과 근거가 서로 어울려야 한다고 강조한다. 그런데 현실에서는 주장과 근거가 어울리지 않을 때도 있고, 심지어 서로 상관없는 경우도 허다하다. 어떤 경우엔 아예 근거가 없기도 하다. 앞서 예를 든 주장에 다음처럼 근거를 제시했다면 어디가 잘못되었는지 생각해 보자.

이렇게 상대방이 알맞지 않은 근거를 댈 때 ① 말도 안 되는 소리를 하는 사람, ② 헛소리하는 사람, ③ 쓸데없는 소리를 하는 사람, ④ 바보 같은 소리를 하는 사람, ⑤ 엉뚱한 소리를 하는 사람, ⑥ 이해할 수 없는 사람이라고 한다. 우리 주위에서도 쉽게 찾아볼 수 있다. 사실

표 3-2 잘못된 논리의 구조

	주장 예		근거 예
1	"이번 시험 성적은 떨어질 게 틀림없어!"		"걸어오다 넘어졌거든. 이런 날은 꼭 재수가 없어."
2	"우리나라 축구의 근본 문제는 감독에게 있지."	왜 그렇게 생각해?	"감독이 문제라면 문제인 줄 알아. 토 달지 말고….'"
3	"올 하반기 매출액이 급상승할 것 같아."		"몰라. 왠지 기분이 그래."
4	"여름 점심 메뉴로는 냉면이 최고야!"		"우리 가늘고 길게 살자."

우리도 한때 그런 적이 있을 것이다.

그런데 디베이트에서는 이런 사람을 바라지 않는다. 디베이트는 '합리적인 근거를 들어 알맞은 것을 주장하는 사람'을 추구한다. 이런 사람을 우리는 ① 논리적인 사람, ② 사리가 분명한 사람, ③ 똑똑한 사람이라고 한다. 디베이트에서는 참가자들이 이런 사람으로 성장하도록 돕는 것을 목표로 한다.

논리적인 사람은 다른 사람의 말을 허술하게 듣지 않는다. "과연 그럴까?"라고 생각한다. 주장이 적절한지, 그 주장의 근거가 합당한지 따져 보며 판단한다. 이런 과정을 우리는 어려운 말로 '비판적 사고'라고 한다. 비판적 사고에 익숙한 사람은 합당한 근거를 들어 정확하게 주장하는 것을 추구한다. 또, 상대방이 그렇게 말하는지 따져 본다. 이런 훈련을 바탕으로 좀 더 완벽하면서도 합리적으로 생각하고 행동한다.

논리의 기본 단위 — 주장과 근거

앞서 말한 것처럼 논리학에서 가장 단순한 구조는 '주장 - 근거'로 이루어진다. 모든 복잡한 논리도 이 구조로 분석할 수 있다. 거꾸로 말하면 이 구조를 여러 개 합하면 복잡한 논리가 된다. 그래서 논리학을 훈련하는 첫 번째 단계는 '주장 - 근거'의 구조를 제대로 익히는 것이다. 디베이트 입안문에서 사용하는 논거도 '주장 - 근거'로 이루어졌다는 것을 기억하자. '주장-근거'의 관계를 나타낸 그림 3-1을 다시 살펴보자. 기둥은 주장, 주춧돌은 근거를 뜻한다.

어떤 주장을 할 때에는 합리적인 근거로 뒷받침해야 한다는 것을 보여준다. 근거를 제대로 제시해서 주장을 뒷받침할 때 그 논리에는 힘이 실린다. 우리가 앞으로 배울 디베이트 논리는 이런 식으로 기초가 튼튼해야 한다. 그런데 현실은 이렇게 단순하지 않다.

근거를 제시하지 않고 주장만 하는 경우를 그림으로 나타내 보자.

그림 3-2 근거가 없는 주장

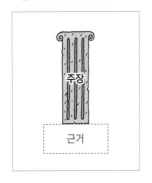

'설마 이런 사람이 있을까?'라고 생각할 수도 있다. 하지만 우리 주변에는 아무런 까닭 없이 자기 주장만 밀어붙이는 사람이 있다. "하라면 할 것이지 뭘 그렇게 말이 많아?"라고 윽박지르는 경우가 여기에 해당한다. 한때 우리 사회에는 이런 상사, 선배, 학부모가 많았다. 실은 우리도 여기에 속한 적도 있을 것이다. 이것이 비논리이다. 디베이트로 치면 근거 없이 주장만 하는 것이다.

또한 근거는 있지만 적절하지 않은 경우도 있다. 다음 두 그림에서 근거의 위치를 잘 살펴보자. 하나는 근거가 충분하지 않았을 때이고, 나머지 하나는 주장과 전혀 상관없는 근거를 제시한 경우이다. 이런 구조로 주장하면 사람들은 고개를 갸우뚱거린다. 앞뒤가 맞지 않기 때문이다.

그림 3-3 주장을 뒷받침하지 못한 논리 예

▲ 근거가 충분하지 않음

▲ 근거가 주장과 아무 상관 없음

지금 배가 고픈 것과 여름방학에 제주도로 가족 여행을 가는 것이 무
슨 상관 있을까? 그림 3-4를 보자. 이 그림이 가장 안정되어 보인다.

그림 3-4 알맞은 근거로 주장을 충분히 뒷받침한 논리 예

든든한 주춧돌처럼 근거를 뒷받침으로 하여 주장을 펼쳤기 때문이
다. 디베이트에서 우리가 듣고 싶고, 구사하고 싶은 논리가 바로 이런
모습이다. 명료한 주장, 그 주장을 뒷받침해 주는 확실한 근거, 바로
이 구조가 디베이트가 추구하는 논리이다.

좀 더
살펴봅시다!

입장과 주장-근거의 관계

논리의 구조는 집을 지을 때와
비교할 수 있다. 집을 안정감 있
게 지으려면 튼튼한 주춧돌과
기둥을 세우고 그 위에 지붕을
얹어야 한다. 이때 주춧돌은 논
리의 근거, 기둥은 주장, 지붕은
주제에 대한 입장에 해당한다.

그림 3-5 입장 - 주장 - 근거의 관계

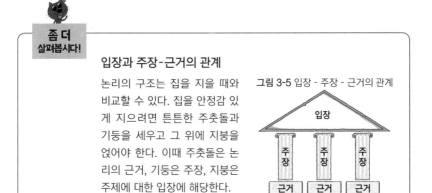

어떤 주제에 대해 자신의 입장을 표명할 때에는 적절한 주장으로 뒷받침해야 한다. 만약 근거가 적절하지 않으면 주장을 입증하기 힘들어 논리가 탄탄하지 않다.

실제 디베이트를 하다 보면 주장과 근거가 허술하거나, 어지러워 보이는 주장과 근거가 가득하기도 하다. 만약 이런 식으로 집을 지었다가는 하루도 안 되어 허물어질 것이다. 논리에서도 마찬가지이다. 상대방의 한두 가지 반박에 바로 허물어져 버리기 때문이다.

그림 3-6 추천 도서

▶ 입장과 주장 - 근거의 관계를 더 자세히 알고 싶다면 《토론과 대화에서 지지 않는 논리학》(케빈 리 지음)을 참고하기 바란다.

비판적 사고와 디베이트

"지금 우리 교육에서 가장 중요한 것은 비판적 사고와 문제 해결 능력을 기르는 것입니다."

교육학자 가운데 이렇게 이야기하는 사람들이 많다. 사회가 급변하기 때문이다. 변화가 없는 사회에서는 이미 있는 이론을 달달 외우는 것으로 충분하다. 과거에 발생했던 문제가 반복할 것이므로 과거의 대처 방법으로 대응하면 된다.

하지만 급변하는 사회에서는 이전에 없던 새로운 문제들이 발생한다. 전례가 없으니 대응 방법이 있을 리 없다. 이럴 때 중요한 것은, 문제를 재빨리 분석해 내고 해결 방법을 찾아내는 것이다. 비판적 사고(critical thinking)와 문제 해결(problem solving) 능력을 강조하는 배경이다.

그런데 **비판적 사고**란 무엇일까? 어떤 사람은 "우리 주변에 가끔 삐딱하게 생각하는 사람들이 있잖아요? 그런 사람들이 비판적 사고를 하는 사람이 아닐까요?"라고 엉뚱하게 생각한다.

비판적 사고는 '삐딱하게 생각하는 것'이 아니다. 비판적 사고를 아주 쉽게 설명해 본다면 **어떤 사람의 말을 듣거나 책을 읽을 때 주장과 근거를 재빨리 구별해 내고 타당성 여부를 판단하는 능력**이다.

다음 문장에서 주장과 근거를 구별해 보고 타당성 여부를 따져 보자.

이 문장에서 주장은 '차은우는 잘생겼다.'이고 근거는 '차은우는 군포에서 태어났다.'이다. 비논리적이라는 것을 금세 알아챌 것이다. 이 문장은 어떤 점에서 문제가 있을까?

우선 이 문장에서 주장과 근거는 각각 사실이다. 하지만 근거가 주장과 상관없다는 데 문제가 있다. 군포에서 태어났다는 것이 누군가가 잘생겼다는 근거가 될 수 없기 때문이다. 따라서 바로 이렇게 말할 수 있어야 한다.

> "선생님께서 말씀하신 주장과 근거는 모두 사실입니다. 하지만 근거가 주장과 상관없어 보이므로 논리적으로 틀렸습니다."

주입식·암기식 수업에서는 비판적 사고가 필요없다. 따져 보거나 묻거나 할 필요도 없다. 그저 시험 범위를 달달달 외우면 된다. 우리나라 교실에서 질문이 사라진 배경이다. 하지만 비판적 사고를 장려하는 교실에서는 늘 질문이 넘쳐난다. 죽은 교실이 살아나는 것이다. 이제 비판적 사고의 중요성은 실감했으리라 생각한다.

교육학자라면 이구동성으로 강조하는 비판적 사고, 어떻게 하면 기를 수 있을까? 미국 클레어몬트매케나 대학의 존 미니(John Meany) 교수의 말을 들어 보자. 〈중앙일보〉 기자가 "비판적 사고력을 키우는 방법을 조언해 주신다면?"이라고 묻자 존 미니 박사는 이렇게 대답했다.

> "무조건 반대를 하는 연습을 해보는 것입니다. 주장이 아무리 논리적이고 설득적이더라도 반대 입장을 세워 봅니다. 반대를 위한 반대라도 상관없습니다. 반대 이유를 만드는 과정에서 잘못된 점을 찾고 수정·보완하는 훈련을 하면 생각을 체계적으로 정립할 수 있고 비판적 사고력을 기를 수 있습니다. 이를 위해 토론할 때에는 반드시 찬반으로 나눠야 합니다. 대립 상황을 조성해야 반대 입장에서 공격과 방어를 해 보는 실제 훈련을 할 수 있기 때문입니다."(〈중앙일보〉 2009. 11. 16일 자 기사)

존 미니 박사는 비판적 사고력을 기르는 방법으로 '찬반으로 나눠서 하는 토론'을 추천했다. 바로 디베이트다. 존 미니 박사는 비판적 사고력을 기르는 데 가장 좋은 방법으로 '디베이트'를 권한 것이다.

'찬반으로 나눠서 하는 토론'을 추천한 이유는 무엇일까? 모든 디베이트 형식에서 가장 중요한 순서는 반박이다. 그런데 반박을 잘 하려면 우선 상대방의 발언에서 주장과 근거를 구별해 내야 한다. 그리고 그 자리에서 타당성 여부를 따져서 반박해야 한다. 그 결과 비판적 사고력이 저절로 길러진다.

결국 이렇게 정리할 수 있다. 논리학의 기초는 비판적 사고력이다. 비판적 사고력은 디베이트를 하면서 가장 잘 길러진다. 그 반대도 성립한다. 디베이트를 잘하려면 논리학이 필수이다. 비판적 사고력을 갖춘 사람이 디베이트도 잘한다.

근거 제시 방법의 7가지 유형

어떤 주장을 뒷받침하는 근거에는 여러 가지 유형이 있다. 전문가 견해, 숫자와 통계, 관찰과 경험, 인용, 증거, 사례, 추론 등이 대표적이다. 디베이트에서 어떤 주장의 근거를 제시할 때도 이 7가지 근거 유형에서 선택하면 된다.

참고로, 현실에서는 이들 7가지 근거의 유형이 서로 결합되어 나타나는 경우도 많다. 예를 들어 전문가의 견해를 들면서 인용할 수 있다.

그림 3-7 근거의 7가지 유형

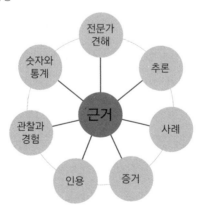

좀 더 살펴봅시다!

논리의 오류

논리학의 한 분야인 논리의 오류(logical fallacies 또는 fallacy of logic)는 사람들이 일상에서 말을 할 때나 글을 쓸 때 범하는 오류를 정식화한 것이다. 우리가 주변에서 흔히 마주치는 논리의 오류는 50여 가지가 있다. 어떤 사람은 100개에 가깝게 정리하기도 하는데, 일상생활에서라면 50개 정도만 잘 익혀도 된다. 논리의 오류를 잘 익히면 말할 때나 글을 쓸 때 터무니없는 오류를 피할 수 있다. 그런데 논리의 오류를 공부할 때 두 가지 난점이 있다.

첫째, 논리의 오류를 설명하는 것 자체가 어려울 때가 있다. 어떤 책에서는 논리의 오류를 너무 어렵게 설명해서 이해하기 곤란할 지경이다.

다음은 〈한국디베이트신문(www.KoreaDebate.org)〉에서 소개한 주장과 관련된 논리의 오류 6가지는 아주 쉽게 설명해서 금방 이해할 수 있다.

▶ 주장과 관련된 논리의 오류 6가지와 근거를 제시할 때 나타나는 오류 유형 7가지를 더 자세히 알고 싶다면 《토론과 대화에서 지지 않는 논리학》(케빈 리 지음)을 참고하기 바란다.

표 3-3 주장할 때 흔히 나타나는 논리의 오류 6가지

논리의 오류	설명
흑백 논리의 오류	상대방의 주장을 비약해서 이해한다.
의도 확대의 오류	상대방의 의도를 과장해서 이해한다.
은밀한 재정의의 오류	용어의 뜻을 제 입맛대로 해석한다.
원천 봉쇄의 오류	내 말에 따르지 않으면 모두 틀렸다고 생각한다.
애매문의 오류	주장에 여러 가지 뜻이 있다.
애매어의 오류	애매한 말 때문에 뜻이 왜곡된다.

둘째, 논리는 머리로는 이해해도 현실에서는 쉽게 구사할 수가 없다는 점이다. 그러니까 배울 때는 쉽게 고개를 끄덕이는데, 현실에서는 여전히 논리의 오류를 구별하지 못한다. 결국 꾸준한 연습만이 해답이다.

가장 좋은 연습 방법은 디베이트다. 디베이트를 꾸준히 하면 논리의 오류를 쉽게 구별하는 능력을 기를 수 있다. 논리의 오류를 머리

183

로만 이해하는 데는 한계가 있기 때문이다.

주장이 있다면 근거가 있어야 한다. 그런데 주장할 때보다 근거를 댈 때 나타나는 오류가 훨씬 많다. 근거를 제시할 때 나타나는 오류 유형 7가지를 배워서 주장을 제대로 뒷받침할 수 있는 근거를 만들어 사용하자.

표 3-4 근거를 제시할 때 나타나는 오류 유형 7가지

근거 제시의 오류	오류
전문가의 견해	• 그릇된 권위에 호소하는 오류 • 엇갈린 견해의 오류 • 틀리거나 바뀌는 견해의 오류 • 특정 목적을 대변하는 견해의 오류
숫자와 통계	• 숫자 자체의 오류 • 통계 자체의 오류 • 통계 해석의 오류
관찰과 경험	• 관찰과 경험 자체의 오류 • 관찰자·경험자 한계의 오류 • 관찰과 경험 해석의 오류
인용	• 내 의견과 다른 사람의 의견을 구별하지 않는 오류 • 인용문 자체의 오류 • 맥락을 무시한 인용의 오류
증거	• 불충분한 증거의 오류 • 은폐된 증거의 오류 • 특정 목적에 따라 증거를 채집하는 오류 • 확증 편향의 오류 • 조작된 증거의 오류
사례	• 성급한 일반화의 오류 • 엉터리 사례의 오류
추론	• 무지에 호소하는 오류 • 분할의 오류　　• 결합의 오류 • 군중(대중)에 호소하는 오류

03-2

디베이트를 잘하는 법 – 주제 분석

좀 더 수준 높은 디베이트를 하려면 주제 분석 방법을 알아야 한다.
이 역시 학생과 코치 모두에게 필요한 내용이다. 학생은 디베이트를
잘 준비하기 위해, 코치는 잘 지도하기 위해서이다. 여기에서는 학생
과 교사(코치)를 중심으로 설명한다.

디베이트 실력을 쌓는 방법
디베이트를 처음 시작한 이후 참가자와 코치는 대부분 세 단계를 거
치면서 성장, 발전한다.

학생 디베이터의 발전 3단계
첫 번째로 디베이트 형식을 익히는 데 주력하는 단계이다. 디베이트
가 무엇인지, 어떻게 준비하는지, 순서와 진행 시간을 파악하고 익힌

다. 이 단계에서는 상대방의 말이 잘 들리지 않는다. 자기 순서가 돌아오면 맡은 역할을 해내는 게 더 급하기 때문이다.

그래서 이 단계에서는 두 팀이 평행선을 달릴 때가 많다. 좀 더 수준 높은 디베이터가 되려면 의견 충돌이 활발하게 이뤄져야 하는데, 이 단계에서는 잘 되지 않는다. 교차 질의 순서에 질문하지 않고 의견을 제시한다거나 같은 이야기를 되풀이하는 모습을 보일 때도 많다. 주제를 충분히 장악하기 어려운 단계이지만 그렇다고 코치가 깊이 개입하는 것은 금물이다. 코치는 학생들이 자연스럽게 다음 단계로 넘어갈 수 있도록 칭찬과 격려를 해주는 것으로 충분하다. 그러면 학생들은 스스로 성장한다.

두 번째로 학생들이 디베이트에 익숙해져서 순서마다 어떤 내용으로 해야 하는지 알게 되는 단계이다. 이쯤 되면 디베이트하는 모습이 그럴싸해 보인다. 두 팀은 간혹 격렬하게 의견 충돌을 일으키기도 한다. 쟁점이 형성되기 시작하는 것이다. 이 단계에서 코치는 본격적으로 강평(평가)을 시작한다. 특히 내용 강평에 주력한다.

세 번째로 디베이트를 더 잘 해보고 싶은 욕심이 생기는 단계이다. 이 단계에서 학생들은 고민에 빠진다. 디베이트를 잘 해 보고 싶은데 왠지 허전하고 답보 상태에 빠진 듯한 느낌이 들기 때문이다. 이때 학생들은 이렇게 질문한다.

"리서치를 어떻게 해야 하죠?"

"요약과 마지막 초점은 어떻게 다른 것인가요?"

"교차 질의를 더 잘 하고 싶은데 어떻게 해야 하죠?"

이들 질문을 하나로 모아 보았다.

"디베이트를 좀 더 잘 해 보고 싶은데, 어떻게 해야 하죠?"

이 단계에서 코치는 전문적인 코칭을 시도한다. 여기에는 디베이트 형식에 대한 지도, 주제 분석, 디베이트 논리학을 포함한다.

그림 3-8 디베이트 수업 장면

코치의 지도 3단계

그런데 디베이트 코치의 사정도 학생과 다르지 않다. 코치는 디베이트 참가자의 성장, 발전 정도에 따라 세 단계를 생각하며 지도해야 한다. **첫 번째, 주로 디베이트의 형식을 중심으로 지도하는 데 주력하는 단계이다.** 순서가 틀리면 알려 주고, 발언 시간이 불충분하거나 초과하면 지적해 준다. 디베이트 초보자는 이런 지적을 받았을 때 소화하는 것도 힘들어한다. 다시 한번 말하지만 코치는 칭찬과 격려를 위주로 하는 것이 좋다.

두 번째, 디베이트의 내용을 중심으로 지도하는 단계이다. 입안과 반박에서는 어떤 이야기를 어떻게 주장해야 하는지, 교차 질의에서는 어떻게 하는 것이 좋은지 등을 예로 들 수 있다.

▶ 자세한 내용은 02-2절을 참고하기 바란다.

세 번째 단계부터는 디베이트 코치도 고민에 **빠진다**. 이제 디베이트에 어느 정도 익숙해진 학생들에게 무언가를 더 코치해 주고 싶은 욕구가 생기기 때문이다. 게다가 학생들의 문제 의식도 달라진다. 디베이트가 무엇이냐는 질문을 넘어서, 어떻게 하면 디베이트를 더 잘 할 수 있는지 묻는다. 그런데 코치는 이 지점에서 벽에 부딪히는 느낌이 든다. 수준 높은 코칭을 해 주고 싶은데 어떻게 해야 할지 잘 모른다.

표 3-5 학생과 코치의 디베이트 발전 3단계

구분	학생	코치
1단계	디베이트 형식을 익히는 데 주력한다.	디베이트의 형식을 중심으로 지도한다.
2단계	디베이트에 익숙해져서 순서마다 발언할 내용을 안다.	디베이트의 내용을 중심으로 지도한다.
3단계	디베이트를 더 잘 해 보고 싶은 욕심이 생긴다.	주제 분석 방법을 지도한다.

디베이트를 더욱 잘 하려면 — 주제를 장악하라!

결국 몇 개월 동안 디베이트를 하면서 묘미를 맛본 학생과 코치 모두 이렇게 질문한다.

"어떻게 하면 디베이트를 더욱 잘할 수 있을까요?"

어떤 분은 조심스럽게 작은 목소리로 이렇게 묻기도 한다.

"지금 제가 디베이트를 제대로 잘하고 있나요?"

그분들의 질문에 정답을 공개한다.

"디베이트를 잘하는 비결은 먼저 주제를 장악하는 것이다."

이것이 디베이트를 더 잘할 수 있는 출발점이다. 그렇다면 '주제를 장악한다.'는 것은 무슨 뜻일까? 디베이트 주제가 적힌 종이를 손에 꽉 쥐고 있으면 주제를 장악할 수 있을까? 물론 아니다. 주제를 장악한다는 것은 한마디로 말해 '주제 분석을 잘한다.'는 뜻이다.

디베이트를 처음 하는 학생은 어떤 주제가 주어졌을 때 "내가 찬성편에 서면 뭐라고 말할까? 뭐가 논거가 될 수 있을까?" 또는 "내가 반대편에 서면 뭐라고 말할까? 뭐가 논거가 될 수 있을까?"를 생각한다. 그리고 찬성편이든 반대편이든 논거를 서너 가지 생각한 후 디베이트에 참여한다.

이것도 진일보한 상태이다. 디베이트를 한번도 해 보지 않은 학생에게 예를 들어 "아이스크림을 먹고 싶어 하는 이유가 뭐냐?"고 질문하면 "그냥…" 또는 "내가 지금 아이스크림을 먹고 싶으니까."라고 답변하는 것을 볼 수 있다. 무의미한 대답이나 동어반복을 한다. 이런 학생들을 감안한다면, 그래도 어떤 주제에 서너 가지 이유를 들어 자신의 입장을 설명하는 것이므로 대단한 진보라고 볼 수 있다.

예상되는 쟁점과 함의를 파악하자!

하지만 디베이트를 거듭할수록 이런 간단한 방법은 통하지 않는다. 디베이트에는 교차 질의와 반박, 요약, 마지막 초점 순서가 있기 때문이다. 찬반 입장에서 서너 가지 논거만 준비한 학생은 상대방의 날카로운 교차 질의에 당황해하며 말문이 막혀 꼼짝 못 한다. 상대방의 반박을 듣고 재반박을 한마디도 못 하는 상태가 된다. 오늘의 디베이트에서 예상되는 쟁점을 파악하지 못해 힘겨워한다. 그 결과 요약과 마지막 초점이 부실해진다. 이런 식으로 간단히 준비만 한 학생의 디베이트에서는 평행선을 달린다. 서로 자기 주장만 하다 끝나는 것이다.

다른 차원에서 생각해 보자. 디베이트를 처음 시작한 학생은 주제에 즉흥적이거나 피상적인 견해를 종합해서 발언한다. 예를 들어 '공동 주택에서 반려동물 사육을 금지해야 한다.'는 주제를 놓고 생각해 보자. 디베이트 초보자가 이 주제의 찬성편을 맡으면 대부분 '반려동물 사육과 관련된 피해' 중심으로 이야기를 한다. 밤새 울어서 시끄럽다, 질병을 옮긴다, 대소변 때문에 지저분해진다는 등의 의견을 제시한다.

반대편을 맡은 디베이트 초보자도 대부분 '반려동물 사육과 관련된 이익'에만 집중한다. 사회가 점점 더 핵가족화하고 1인 가족이 늘어나 이런 세대에게 반려동물이 의미가 있다, 정신적으로 안정감을 준다는 등의 의견을 낸다. 하지만 이런 의견을 제시하는 것만으로는 디베이트를 잘 할 수 없다. 입안은 어느 정도 해내더라도 이후 반박이나 요약, 마지막 초점에서 명쾌한 느낌을 주지 못하기 때문이다. 이런 수준에서 벗어나려면 먼저 주제를 장악하는 길밖에 없다.

앞에서 잠깐 소개했듯이, 주제를 장악한다는 것은 주제 분석을 잘한다는 뜻이다. 주제 분석을 잘하려면 어떻게 해야 할까? 주제에 즉흥적이고 피상적인 의견만 제시하는 것이 아니라, 주제가 던져 주는 다양한 쟁점과 함의를 미리 파악해서 준비해야 한다. 다시 말해 주제와 관련된 다양한 쟁점을 종합적으로 파악해서 미리 조사하고, 이를 바탕으로 주제가 묻는 근본적인 함의를 분석해야 한다.

자료 찾기가 중요하다!

자료 찾기(리서치)도 디베이트 초보자는 힘겨워한다. 해본 적이 없기 때문이다. 그래서 코치들이 처음에는 디베이트 자료를 직접 찾아 주기도 한다. 그러다가 얼마 지나지 않아 관련 자료를 찾아오는 학생들이 있다. "이런 자료를 봤는데요. 디베이트할 때 써먹어도 되나요?" 이때 코치는 매우 칭찬해 주는 것이 좋다. 디베이트에서는 사실 이처럼 스스로 리서치하는 것이 중요하다고 설명해 준다. 그러면 점차 자료를 알아서 찾아오는 학생들이 생긴다. 이제 리서치는 학생 몫이 된다.

처음 리서치를 할 때는 구글이나 네이버 같은 검색 사이트에서 관련 키워드를 사용한다. '공동 주택에서 반려동물 사육을 금지해야 한다.'라는 주제라면 검색 창에 '공동 주택'이나 '반려동물'이란 단어를 입력해 넣고 자료를 찾는 것이다.

그런데 이렇게 해서 얻는 자료에는 한계가 있으므로 학생들은 "선생님, 자료를 찾아봤는데 별로 없어요."라고 말한다. 자료가 없는 것이 아니라 자료를 찾는 방법을 모르기 때문이다.

어떻게 하면 자료를 잘 찾을 수 있을까? 이때 필요한 것이 문제 의식이다. 예를 들어 '공동 주택에서 반려동물 사육을 금지해야 한다.'는 주제라면, ① 우리나라에서 공동 주택에서 사는 가구의 비율은? ②이 문제는 법적으로 어느 법률에 해당하는지? ③ 공동 주택에서 생기는 문제점을 처리할 때 원칙은? ④ 다른 나라 사례는? 등의 문제를 떠올릴 수 있다.

그림 3-9 풍덕고등학교에서 실시한 온라인 디베이트 대회 모습

그림 3-10
디베이트 대회를 알리는
학생 포스터 작품

이처럼 리서치할 때에도 주제에 대한 다양한 문제 의식이 중요하다. 앞서 표현한 대로라면 '예상되는 쟁점과 주제가 던져 주는 함의'를 충분히 생각해야 쟁점별로, 함의대로 관련 자료를 찾을 수 있기 때문이다. 그러므로 리서치를 잘 할 수 있는 출발점도 주제 분석이다.

이번에는 예상되는 쟁점과 함의를 파악하고 자료 찾기를 통해 어떻게 하면 주제 분석을 잘 할 수 있는지 실제 예시로 살펴보자.

주제 분석의 실제 예

디베이트 초보 수준의 학생과 같이 해볼 수 있는 주제 분석 예를 살펴보자. 이때 코치의 역할이 중요하다. 여기에서 다룰 주제는 '초등학교에서 담임 선생님의 일기장 검사는 필요하다.'이다. 이번 주제 분석은 3단계로 요약할 수 있다.

> - **[주제 분석 1단계]**: 같은 주제를 이리저리 바꾸어 표현해서 원래 주제의 핵심어 발견하기
> - **[주제 분석 2단계]**: 핵심어를 변형해서 쟁점 이끌어 내기
> - **[주제 분석 3단계]**: 쟁점을 파악해서 찬반 입장 정리해 보기

'초등학교에서 담임 선생님의 일기장 검사는 필요하다.'를 주제로 디베이트를 한다고 가정해 보자. 디베이트 초보인 학생들은 어찌 해야 할지 몰라 눈만 둥그렇게 뜨고 있을 것이다. 이때 앞에서 소개한 주제 분석 3단계로 접근해 보자.

[주제 분석 1단계]: 같은 주제를 이리저리 바꾸어 표현해서 원래 주제의 핵심어 발견하기

디베이트를 잘 하려면 우선 주제를 정확히 이해해야 한다. 같은 주제를 여러 가지로 표현하다 보면 쉽고 빠르게 이해할 수 있다. 다음 주제 네 가지 예는 서로 비슷해 보이지만 조금씩 다르다. 학생들과 함께 어떤 차이가 있는지 생각해 보자.

같은 주제를 네 가지로 다르게 표현한 예

| 주제 | 초등학교에서 담임 선생님의 일기장 검사는 필요하다. |

- 예1 일기 쓰기는 필요하다.
- 예2 선생님의 일기장 검사는 필요하다.
- 예3 선생님의 일기장 검사는 정당하다.
- 예4 초등학교에서 담임 선생님의 일기장 검사는 필요하다.

네 가지 주제를 비교하는 과정에서 학생들은 디베이트 주제가 '초등학교', '담임 선생님', '일기장 검사'에 한정된다는 것을 알고, 또한 정당성이 아니라 '필요성'을 따지는 것이라는 점에 주목한다. 마침내 학생들은 오늘 주제에서 주목해야 할 핵심어를 간파한다. '초등학교', '담임 선생님', '일기장 검사', '필요하다' 등이 그것이다.

[주제 분석 2단계]: 핵심어를 변형해서 쟁점 이끌어 내기

[주제 분석 1단계]에서 파악한 핵심어를 이리저리 바꾸어 보면 주제를 이해하는 데 도움된다. 이번 주제에서 핵심어는 '초등학교', '선생님', '일기장 검사', '필요하다'이다. 이를 다른 말로 바꾸어 보자.

① 초등학교

우선 '초등학교'란 말을 바꾸어 보자. 학생들이 다음 주장에 찬성하는지 반대하는지 물어보자.

- 대학교에서 선생님의 일기장 검사는 필요하다. (찬성 / 반대)
- 학원에서 선생님의 일기장 검사는 필요하다. (찬성 / 반대)

초등학교라면 찬성과 반대하는 학생 모두 있겠지만, 대학교라면 반대를 택하는 학생이 많을 것이다. 또한 "학교라면 모를까 학원 선생님이 일기장 검사를 하는 것은 좀…"이라고 대답하는 학생이 많을 것이다. 그렇다면 자연스럽게 질문을 던져 봐야 한다. "초등학생은 왜 일기장 검사를 받아야 할까?" "학교와 학원은 어떻게 다를까?" 즉, 초등학생과 학교의 특징을 생각해 봐야 한다는 뜻이다.

우선 초등학생의 특징을 적어 보자.

> **초등학교의 특징**
>
> 초등학교는 선생님의 생활 지도가 꼭 필요한 어린 학생들이 다니기 때문이다.

이어서 학교의 특징을 적어 보자.

> **학교의 특징**
>
> 학원은 돈을 받고 전문으로 학습을 지도해 주는 곳인데, 학교는 이 외에도 전인 교육에 필요한 생활 지도도 해준다.

② 담임 선생님

다음으로 '담임 선생님'란 말을 바꾸어 보자. 학생들이 다음 주장에 찬성하는지 반대하는지 물어보자.

- 초등학교에서 친구들끼리 일기장을 검사하는 것은 필요하다. (찬성 / 반대)
- 초등학교에서 교장 선생님의 일기장 검사는 필요하다. (찬성 / 반대)

담임 선생님이 일기장을 검사하는 경우라면 찬성과 반대하는 학생 모두 있겠지만, 친구나 교장 선생님이라면 반대를 택하는 학생이 많을 것이다. 그렇다면 자연스럽게 질문을 던져 봐야 한다. "담임 선생님은 어떤 분이기에 일기장 검사를 할 수 있을까?" 즉, 담임 선생님의 역할을 생각해 봐야 한다는 뜻이다.

초등학교에서 담임 선생님의 역할을 적어 보자.

> **초등학교에서 담임 선생님의 역할**
> 담임 선생님은 모든 과목을 가르칠 뿐 아니라 학생 하나하나 개인 상담과 생활 지도도 해주신다.

③ 일기장 검사

다음으로 '일기장 검사'란 말을 바꾸어 보자. 학생들이 다음 주장에 찬성하는지 반대하는지 물어보자.

- 초등학교에서 담임 선생님의 숙제 검사는 필요하다. (찬성 / 반대)
- 초등학교에서 담임 선생님의 소지품 검사는 필요하다. (찬성 / 반대)

숙제 검사라면 찬성하는 학생이 많겠지만 소지품 검사는 의견이 크게 다를 것이다. 그렇다면 자연스럽게 질문을 던져 봐야 한다. "일기장 검사는 어떤 일이기에 논란이 될까?" 즉, 일기장의 특징을 생각해 봐야 한다는 뜻이다. 이쯤 해서 '사생활 침해'라는 어려운 말을 꺼내는 학생도 나타난다.

일기장의 특징을 적어 보자.

> **일기장의 특징**
>
> 일기장은 나만의 비밀스러운 이야기를 기록하는 곳이다.

결국 이번 주제인 '초등학교에서 담임 선생님의 일기장 검사는 필요하다.'에서 주의할 점은 '초등학교'에 국한되어 있다는 것이다. 따라서 초등학생의 특징을 우선해서 생각해 봐야 한다. 이어서 일기장 검사를 하는 사람이 '담임 선생님'에 한정된다는 점을 고려해야 한다. 나아가 '일기장 검사'에 주목해야 한다. 왜냐하면 일기장 검사란 긍정적인 효과가 있는 반면, 부정적인 측면도 있다는 생각이 맞서서 논란을 일으키기 때문이다. 물론 대안도 제시할 수 있다.

[주제 분석 3단계]: 쟁점을 파악해서 찬반 입장 정리해 보기

① 사생활 침해 여부

어른들의 일기를 누가 검사하려고 하면 "남의 비밀스러운 이야기를 왜 알려고 하는 거야?"라며 반발할 것이다. 이를 어려운 말로 표현하면 '사생활 침해'이다. 모든 사람에게는 자신만 아는 비밀이 있는데, 이를 다른 사람이 침해하면 안 된다는 것이다. 더 쉬운 예를 들어 보자. 밤에 누가 몰래 우리 집을 엿본다면 모두 반발할 것이다. 이 역시 사생활 침해이기 때문이다. 사생활 침해 사례를 빈칸에 적어 보자.

이런 이유에서 선생님이 학생의 일기를 보는 것도 원칙적으로 허락되지 않는다. 다른 사람이 내 일기를 보자고 하면 "그건 사생활 침해라서 안 돼."라고 말해도 된다. 2010년 경기도 의회에서 최초로 통과된 〈학생인권조례〉 제12조(사생활의 자유) 제3항에는 "교직원은 일기장이나 개인 수첩 등 학생의 개인적인 기록물을 열람하지 않는 것을 원칙으로 하며, 교육목적상 필요한 경우에도 신중을 기하여야 한다."라고 되어 있다. 쉽게 생각할 문제가 아니라는 것이다.

② 일기장 검사의 긍정적 효과
그렇지만 초등학교에서 담임 선생님이 일기장 검사를 하는 이유는 무엇일까? 일기장 검사를 하면 어떤 긍정적인 효과가 있을지 생각하여 빈칸에 적어 보자.

일기장 검사의 긍정적인 효과
담임 선생님이 학생들의 상태를 파악할 수 있어서 생활 지도를 하기가 쉬워진다.

③ 일기장 검사의 부정적 효과
사생활 침해 외에 일기장 검사로 발생할 수 있는 부정적인 효과로 어떤 것이 있을지 생각하여 빈칸에 적어 보자.

④ 대안 또는 반박

'일기 쓰기는 학생들이 글을 열심히 쓰게 하는 데 자극이 될 수 있다.' 라는 주장에 대해서는 "대안이 있다."고 말할 수도 있고 "글쓰기 훈련 은 글쓰기 시간에 할 수 있다."고 반박할 수도 있다.

지금까지 설명한 것을 토대로 '초등학교에서 선생님의 일기장 검사는 필요하다.'라는 디베이트 주제에 찬성하는 팀과 반대하는 팀의 논거 를 정리해 보자.

표 3-6 주제에 찬성 vs. 반대하는 팀의 논거

주제	초등학교에서 담임 선생님의 일기장 검사는 필요하다.	
	찬성하는 팀의 논거 예	반대하는 팀의 논거 예
1	선생님과 속을 터놓고 이야기해야 한다.	사생활을 침해한다.
2	담임 선생님이 학생들의 상태를 잘 파악할 수 있다.	선생님이 볼 것이므로 마음속 생각을 일기장에 쓰지 않는다.
3	초등학생은 아직 어른의 감독을 받아야 한다.	초등학생도 한 인간으로서 인권이 있다.
4	학생을 파악하는데는 일기장 검사가 가장 좋은 방법이다.	일기장 검사 대신 지속적인 상담 등의 대안이 있다.

처음에는 어찌해야 할지 모르던 학생들이 주제 분석 과정을 거쳐 찬 반 입장을 내놓았다. 이런 과정을 몇 번 반복하면 학생들은 혼자서 주 제 분석을 잘 해낸다.

강평 실력을 향상하는 비결 — 인문학 100권 디베이트

좀 더 수준 높은 디베이트를 하는 방법으로 인문학 디베이트를 소개한다. 이 방법은 디베이트 수준을 한 단계 뛰어오르게 하는 역할을 한다. 인류가 남긴 인문학의 정수와 디베이트가 만났을 때 시너지 효과를 낼 수 있는 방법론으로 한국토론대학에서 진행하는 인문학 100권 디베이트를 소개한다. 특히 디베이트에서 코치의 가장 중요한 역할인 강평을 더 깊이 할 수 있도록 돕는다.

그림 3-11 책 표지

한국토론대학의 《디베이트와 함께하는 인문학》 교재

▶ '인문학 100권 디베이트'는 인문학 디베이트의 한 종류이다.

수준 높은 강평에 필요한 인문학적 소양

디베이트를 처음 시작할 때 교사(코치)의 강평(강평)은 주로 형식에 집중한다. 예를 들어 보자.

> - "이번 찬성 팀 입안 발언은 제한 시간 4분을 넘겼는데, 다음부터는 시간 사용에 주의해라."
> - "말할 때 원고만 쳐다보는데, 그렇게 하지 말고 청중과 심판의 눈을 보도록 해라."
> - "앉아 있을 때에는 다리를 꼬거나 떨지 마라."

그런데 이런 형식적인 문제는 시간이 지남에 따라 점차 해결된다. 따라서 이후 강평은 내용으로 옮아간다. 이때 코치는 학생들이 디베이트 과정에서 놓친 논점이나 입장을 환기해 주는 것이 중요하다.

학생들이 어려워하는 "죽음은 없다."라는 주제를 생각해 보자. 우리는 일상생활에서 죽음을 인정하기 때문에 반대 팀에서는 논거를 쉽게 마련한다. 하지만 찬성 팀 입장에서 논거를 찾기란 쉽지 않다. 이럴 때 디베이트를 마친 후 코치가 다음처럼 강평해 주면 학생들에게 큰 도움을 준다.

▶ 디베이트 수업에서 교사(코치)가 하는 강평과 평가는 같은 의미로 사용한다.

"인도 사람은 죽은 후에도 다음 생이 있다고 믿는다. 겉으로는 죽지만, 인간의 진짜 모습인 아트만은 죽음 이후에도 계속 윤회한다고 믿는다. 즉, 인도 사람에게 죽음은 없는 것이다.

최근 물리학자의 주장도 한번 생각해 볼 만하다. 물리학자들은 에너지의 파동으로 이 세상의 변화를 설명한다. 우리 눈 앞에 보이는 모든 것은 실은 에너지가 잠시 어떤 형태로 모여 있다가 흩어지는 과정이라는 것이다. 이들의 견해에 따른다면 삶도, 죽음도 없다. 어떻게 보면 간단한 문제이지만, 다른 나라 사람들의 철학을 알고, 또 최근 과학계의 동향까지 챙기면 디베이트는 풍성해진다."

코치가 주제와 관련해서 다양한 견해를 소개하면 학생들은 새로운 경지를 체험하게 된다. 그래서 나중에는 "이번 주제에 대해 선생님은 어떤 말씀을 해주실까?" 하면서 코치의 강평을 손꼽아 기다린다.

코치가 강평을 자유자재로 하려면 상당한 인문학적 소양이 필요하다는 데 어려움이 있다. 인문학적 소양을 갖추려면 어떻게 해야 할까? 인문학 책을 100권 이상 읽는 것을 추천한다. 그래서 여기에서는 디베이트 코치가 궁극적으로 추구해야 할 한국토론대학의 '인문학 100권 디베이트'를 소개한다.

인문학 100권 디베이트 프로그램 준비하기

'인문학 100권 디베이트'는 누구에게나 필수인 인문학 책 100권을 디베이트와 접목해서 읽어 내는 프로그램이다. '인문학 100권 디베이트'란 바로 '인문학', '100권', '디베이트'를 합친 말이다. 이제부터 하나하나 떼어 살펴본 다음, 무엇을 목표로 하는 프로그램인지 알아보자.

| 인문학 100권 디베이트 | = | 인문학 | + | 100권 | + | 디베이트 |

인문학이란? — 문사철 + 사회 과학 기초 + 자연 과학 기초

먼저 **인문학**이란 무엇인지부터 알아보자. 국립국어원 〈표준국어대사전〉에는 인문학(人文學)을 '언어, 문학, 역사, 철학 따위를 연구하는 학문'이라고 간단하게 정의하고 있다. 이 책에서는 다음처럼 인문학을 좀 더 실용적으로 간단히 정의해 보았다.

- 인문학은 '인간이라면 누구나 익혀야 할 기초 교양'이다.
- 인문학은 '인간이 의미 있는 삶을 살아갈 때 누구에게나 필요한 기초 교양'이다.

이전에는 인문학을 '문사철'이라는 세 글자로 정리했다. 여기서 '문'은 문학, '사'는 역사, '철'은 철학을 의미한다. 결국 인문학이란 한 인간이 성장하는 데 기본이 되는 교양 학문으로, 문학과 역사와 철학을 합친 것을 의미했다.

그림 3-12 인문학의 범위

서울대학교 홈페이지를 보면 인문과학대학에 개설된 학과는 크게 세 가지로 분류할 수 있다. 첫째 국어국문학과 등 각종 문학 관련 학과, 둘째 국사학과 등 각종 사학 관련 학과, 셋째 철학과 등 각종 철학 관련 학과이다. 인문학의 핵심은 여전히 '문사철'이다.

그런데 최근 인문학의 범위가 넓어지고 있다. 사회 과학 기초, 자연 과학 기초 등도 인문학의 범주에 들어오고 있다. 그 이유는 무엇일까? 인문학을 '인간이라면 누구나 익혀야 할 기초 교양'이라고 정의했을 때 현대인이 알아야 할 기초 교양은 문사철뿐만 아니라 사회 과학 기초, 자연 과학 기초를 포함하기 때문이다.

사회 과학을 대표하는 경제학을 보자. 흔히 경제학의 아버지로 알려진 애덤 스미스(Adam Smith)는 1776년에 《국부론》을 발표했는데, 이를 기준으로 한다면 경제학은 아직 300년이 안 된 젊은 학문이다. 하지만 경제만큼 요즘 우리 생활에 큰 영향을 미치는 영역도 드물 것이다. 그러므로 경제의 기본을 모르고 세상을 살아갈 수는 없다. 사회가 점점 복잡해지는 것 또한 인간의 삶에 큰 영향을 미치므로 사회 과학의 기본도 현대인이 갖춰야 할 기초 교양의 영역에 포함된다.

자연 과학도 마찬가지다. 인류 역사에서 자연 과학은 오랫동안 주목받지 못했다. 하지만 자본주의가 나타난 이후 자연 과학은 놀랍게 거듭 발전했고, 또 그만큼 인간의 삶에 지대한 영향을 미쳤다. 정보 통신 기술과 인공지능을 떠올려 보자. 자연 과학이 우리 삶에 얼마나 큰

생각해 봅시다!

인문학은 문과생이 공부하는 영역이라고?

인문학을 '문과생이 공부하는 영역'이라고 오해하는 사람이 있다. 틀렸다. 인문학은 특별한 사람에게만 필요한 학문이 아니다. 전공 불문하고 모든 사람이 공부해야 한다. 인문학은 이과생도 당연히 갖춰야 할 기초 교양이다. 한 인간이 제대로 성장하려면 인문학을 반드시 공부해야 한다. 비슷한 예로 운전면허가 있다. 현대 사회에서 운전면허는 필수이다. 인문학 역시 운전면허처럼 모두에게 필요하다.

바로 이 지점에서 대한민국 교육은 허점을 드러낸다. 모든 사람이 기본으로 공부해야 할 인문학이 외면당하고 있기 때문이다. 앞서 말한 바와 같이 '시험 위주의 주입식 교육'에서 인문학은 숨실 곳을 찾지 못한다. '새벽 2시까지 공부해야 하는 사회'에서 사람들은 오히려 무식해졌다.

결국 인문학은 '현재를 살아가는 모두에게 필요한 기본 교양 교육'으로, '문사철' 외에 사회과학, 자연과학의 기초를 포함한다.

인문학 = 문학 + 역사 + 철학 + 사회 과학 기초 + 자연 과학 기초

영향을 끼치는지 쉽게 알 수 있다. 그러므로 자연 과학의 기본도 현대인이 갖춰야 할 기초 교양의 영역에 포함된다.

결과적으로 이제 인문학은 전통적인 '문사철' 외에 사회 과학, 자연 과학의 기본 내용도 포함해야 한다.

인문학 책 100권을 고르는 이유

인문학 다음으로 100권을 알아볼 차례이다. 왜 100권일까?

지금까지 발표된 연구 결과를 살펴보면 인류는 기원전 3000년쯤에 문자를 쓰기 시작했다고 한다. 그러니까 그전에는 돌도끼, 벽화 등의 유물밖에 없었다. 기원전 3000년이 지나서야 인류는 자신의 생각을 적어 나가기 시작했다. 결과적으로 인류는 약 5000년 동안 기록하고 책을 써왔다. 모두 합치면 분량이 어마어마할 것이다. 그러므로 인류가 그동안 축적해 온 5000년 역사의 기록과 책을 다 읽는다는 것은 불가능하다. 대안을 찾아야 한다. 100권이 그것이다.

구글에서 '필독서 100권'을 검색해 보자. 하버드 대학교 권장 도서 100권, 서울대학교 권장 도서 100권, 아마존 선정 일생에 읽어야 할 100권, 〈뉴욕 타임스〉가 선정한 꼭 읽어야 할 책 100권, 세인트존스 대학교에서 선정한 인문 고전 100권, 〈르몽드〉가 선정한 세기의 도서 100권 등이 나타난다.

이렇게 책을 선정한 데에는 공통된 생각이 있다. '더도 말고, 덜도 말고 중요한 책 100권을 읽으면 교양 있는 1인'이 될 수 있다는 가정이다. 인류 5000년 역사의 모든 기록과 책을 읽을 수는 없지만, 100권이라면 도전할 수 있지 않은가?

그림 3-13 구글에서 '필독서 100권'을 검색한 결과

다르게 설명해 보자. 세계에는 수많은 산이 있다. 세계의 산을 제대로 겪어 보자면 모든 봉우리, 모든 능선을 다녀봐야겠지만 현실적으로 불가능하다. 이때 대안이 있다. 가장 높은 산 100개를 골라 오르는 것이다. 가장 높은 봉우리에서는 주변의 능선과 봉우리는 물론, 멀리까지 다 내다보인다. 구석구석 다녀보지 않았도 전 세계에 분포한 산과 산맥을 이해할 수 있다.

독서도 마찬가지다. 인류가 살아온 발자취를 다 이해하자면 모든 기록, 책을 뒤져야 하지만 현실적으로 불가능하다. 대안은 그중 중요한 책 100권을 골라 읽는 것이다. 이렇게 하면 인류가 살아온 역사 전체를 조망할 수 있다. 인문학 100권을 마스터하면 기초 교양을 쌓을 수

있는 것이다. 그래서 '100권'이다.

이를 기준으로 우리 사회를 점검해 보자. 결과는 참담했다. 틈나는 대로 여러 강연장에서 책 100권 목록을 보여 주면서 "아는 책 제목을 꼽아 보라."고 하면 대개 10~20권을 골랐다. 즉, 나머지 80~90권 중에는 제목조차 들어 본 적이 없는 것이다. 이어서 "그렇다면 그중 실제로 끝까지 읽어 본 책은?"이라고 물으면 대답은 늘 비슷했다. 인문학 100권 중 실제로 끝까지 읽어 본 책은 1~2권에 불과했다. 등산으로 치면 동네 주변의 야산 한두 곳을 다녀온 것이 전부인 셈이다. 이렇게 등산 경험이 적은 사람이라면 세계의 산을 알 리가 없다. 독서로 바꿔 말하면 인류가 그동안 무엇을 고민하며 살아왔는지 이해할 리가 없다.

우리나라에서는 사교육으로 학생들이 새벽 2시까지 공부하게 만든다. 그렇다면 독서량도 당연히 비례해야 할 텐데 현실은 거꾸로 간다. 서울대학교 자유전공학부 장대익 교수는 다음과 같이 탄식한다.

> "중학교로 올라가는 순간 입시와 무관한 책은 더 이상 읽을 수 없습니다. 심지어 책 읽으면 손해라고 생각하죠. 그러니 대학 들어가서는 좀 어려운 책은 읽지 못합니다. 읽는다 해도 취업서입니다. 뭐, 한마디로 대한민국이 무식해진 거죠. 교양의 암흑기랄까요. 이런 현상이 어떤 종류의 인간을 만들어 낼 거냐 하면 생각하지 않는 인간, 태도가 없는 인간입니다. 그래서 앞으로가 뻔한 거예요. 표피적인 사회, 질문과 호기심이 사라진 사회… 무식한 대한민국이죠."
>
> 출처: 〈머니투데이〉의 기획 기사 '[新대한민국 리포트] 2. 책 안 읽는 사회' (2014. 7. 25.)

더 큰 문제는 우리에게 이런 문제가 있다는 사실조차 모르는 사람이 태반이라는 것이다. 이것이 인문학 100권 디베이트를 강조하는 배경이다.

인문학을 디베이트로 푸는 이유

이번에는 디베이트 코치가 궁극적으로 추구해야 할 '인문학 + 100 권 + 디베이트' 중에서 **디베이트**를 이야기할 차례이다. 인문학 100권을 읽는 것으로 끝나지 않고 디베이트를 추가하는 이유는 무엇일까? 디베이트는 간단하게 말하면, 찬반으로 나눌 수 있는 주제로 발언 순서와 시간을 미리 정해 두고 토론하는 방식이다. 디베이트는 여러 가지 토론 형식 중에서 교육 효과를 가장 극대화한 토론 모델이다. 그러므로 인문학 100권 독서를 디베이트와 접목할 때 교육 효과가 비약적으로 개선된다.

미국 행동과학연구소(National Training Laboratories Institute)에서는 학습 피라미드(learning pyramid)를 발표했다. 학습 방법에 따른 효과를 측정하기 위한 것이다. 같은 시간 동안 공부했을 때 학습 방법에 따라 효과가 어떻게 다르게 나타나는지를 측정했다.

결과는 놀라웠다. 같은 시간을 투자했는데 효과는 큰 차이를 보였던 것이다. 가장 낮은 효과를 보였던 것은 학습자 혼자 강의를 듣거나 무엇인가를 읽을 때였다. 그런데 시청각 자료를 보거나 체험 학습, 시연을 볼 때 이보다 좋은 효과를 냈고, 이어서 서로 협력하여 토론하는 등 참여형 수업을 할 때 더 좋을 효과를 냈다. 효과가 가장 좋았던 것은 가르쳐 볼 때였다.

이 결과는 과학 실험으로 확인되었다는 점에 주목하자. 이 실험 결과에 따르면, 주입식 교육은 효과가 가장 낮고 토론형 수업을 하면 효과가 비약적으로 개선된다. 이를 인문학 공부에 도입해 보자. 가장 효과가 떨어지는 방법은 인문학 강의를 듣거나 혼자 책을 읽을 때이다. 이 효과를 비약적으로 개선하고 싶다면 토론을 집어넣으면 된다. 그래서 '인문학 100권 디베이트'가 된다.

그림 3-14 미국 행동과학연구소에서 발표한 학습 피라미드를 소개한 〈미라클 어헤드〉 기사

출처: mirakle.mk.co.kr/view.php?year=2017&no=560067

'인문학 100권 디베이트 프로그램'에서는 책마다 디베이트 주제가 선정되어 있다. 그 책에서 가장 중심된 문제 의식을 토론 주제로 표현한 것이다. 참가자는 찬반 입장에 서서 토론한다. 그러니까 주제와 반대 입장에서도 생각해 와야 한다. 이런 디베이트 과정을 통해 ① 참가자는 주제가 말하고자 하는 바를 더욱 확실히 이해하고, 나아가 ② 그 주장의 한계까지도 포착하게 된다. 강의식 수업이나 개인 독서로는 도달할 수 없는 학습 효과가 나타나는 것이다.

표 3-7 인문학 100권 디베이트 프로그램의 주제 선정 예

분야		디베이트 주제
문명	메소포타미아, 이집트 문명	탈리오 법칙은 합리적이다.
	인도 문명	죽음은 없다.
	중국 문명	최선의 통치는 무통치다.
	고대 그리스 문명 (헬레니즘)	헥토르는 아킬레우스가 거는 싸움에 응하지 말아야 했다.
	헤브라이즘	아우구스티누스는 창세기를 해설하는 데 성공했다
	이슬람 문명	대수학에서 주요 공로는 이슬람보다 인도에 있다.
서구 자본주의 문명	경제	세계는 글로벌 부유세를 시행해야 한다.
	과학	유전자 변형 식품 개발은 정당하다.
	철학	국가는 가치 중립적이다.
	사회	스쾃 운동은 정당하다.

출처: 한국토론대학(www.한국토론대학.org)

그렇다면 '인문학 100권 디베이트 지도사'가 되어 보는 것은 어떨까? 배우지만 말고 가르치는 사람이 되어 보라는 것이다. 여기에는 또 다

른 의도가 숨어 있다. 인문학을 내 것으로 만드는 가장 빠른 방법, 가르쳐 보는 것을 해 보자는 것이다.

지금까지 설명한 '인문학 100권 디베이트'의 개념 설명을 정리해 보자. '인문학 100권 디베이트'는 한마디로 말해 누구에게나 필수인 인문학 책 100권을 디베이트와 접목해서 읽어 내는 프로그램이다.

인문학 100권 디베이트 프로그램의 구조

한국토론대학에서 실시하는 '인문학 100권 디베이트 프로그램'의 구조를 살펴보자.

▶ '인문학 100권 디베이트 프로그램'은 미국 세인트존스칼리지에서도 실시한다. 하지만 세인트존스칼리지의 인문학 100권 리스트는 서구 문명 중심이라는 데 한계가 있다.

인류 4대 성현을 출생순으로 보면 부처님, 공자님, 소크라테스, 예수님이다. 이들 성현이 속했던 문명은 각각 인도 문명, 중국 문명, 고대 그리스 문명(헬레니즘 포함), 헤브라이즘이다.

또한 세계사 시간에는 메소포타미아 문명, 이집트 문명, 인도 문명, 중국 문명을 세계 4대 문명이라고 가르친다. 그런데 메소포타미아 문명과 이집트 문명에서는 성현이 탄생하지 않았다. 하지만 메소포타미아 문명과 이집트 문명은 그 이후 특히 동지중해 문명(고대 그리스 문명과 헤브라이즘 포함)에 지대한 영향을 끼쳤으므로 무시하고 지나갈 수 없다. 결국 검토해야 할 문명은 메소포타미아·이집트 문명, 인도 문명, 중국 문명, 고대 그리스 문명, 헤브라이즘으로 좁혀진다.

그림 3-15 세계 4대 문명

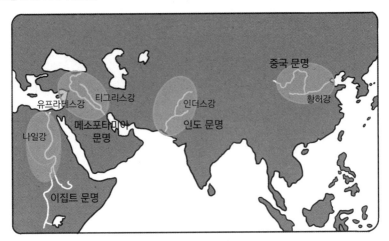

여기에 이슬람 문명을 추가해야 한다. 지금까지도 이슬람 문명은 세계에서 큰 영향력을 발휘하고 있기 때문이다. 현재 이슬람교인은 약 16억 명으로 인류 인구의 23%에 달한다. 거의 4명 중 1명 꼴이다. 그런데 이슬람을 단순히 '한 손엔 코란, 한 손엔 칼'로만 기억하고 있다면 대화가 불가능하다. 중동에서 일어나는 일을 이해하지 못하기 때문이다.

그래서 인문학 100권 디베이트에서는 세계 문명은 최종 6개로 정리했다. 메소포타미아·이집트 문명, 인도 문명, 중국 문명, 고대 그리스 문명(헬레니즘 포함), 헤브라이즘, 이슬람 문명이다. 태초 이래 인류는 이렇게 여러 지역에서 다양한 문명을 꽃피웠고, 그에 걸맞은 고전을 남겨 왔다.

▶ 이 책에서 소개하는 세계 문명 6개는 저자가 분류한 것으로 한국토론대학에서 사용하고 있다.

하지만 지리상의 대발견 이후 상황은 돌변한다. 서유럽에서 자본주의가 발생한 것이다. 이들이 만든 문명을 '서구 자본주의 문명'이라고 하자. 서구 자본주의 문명에서 가장 큰 특징은 자본주의의 힘, 즉 이전과는 비교할 수 없는 놀라운 생산력에 있다. 서구 자본주의 문명은 그 능력으로 이전의 전 세계 문명을 굴복시키고 자신의 체제를 이식했다. 서구 자본주의 문명은 복잡성과 광대함, 그리고 현재 진행형이라는 이유에서 그 이전 문명인 고전과 달리 조금 더 자세하게 분류한다. 경제, 과학, 철학, 사회 이렇게 네 가지 영역으로 접근한다.

서구 자본주의 문명	=	경제	+	과학	+	철학	+	사회

서구 자본주의 문명은 지금도 여전히 세계의 주류 문화이지만 저물어 가고 있다. 세계는 그다음을 기다리고 있다. 사실 미래의 인류 사회를 이미 모색하기 시작했다. 처음에는 자본주의 태내에서 시작되었다. 마르크스 혹은 러시아 혁명이 대표적이다. 하지만 이는 자본주의 내부의 문제 제기에서 비롯되었을 뿐이다.

미래는 현재의 문제가 해결된 사회가 아니다. 미래는 지금과 전혀 다른 논리로 움직이는 사회가 될 것이다. 미래를 전망하는 것만큼 어려운 일도 없다. 하지만 그 일이 조심스럽게 이뤄지고 있다. 토머스 베리(Thomas Berry) 신부와 유발 하라리(Yuval Noah Harari) 등이 대표적이다.

03-4

디베이트 코치의 소양과
디베이트 프로그램의 설계

마지막으로, 지도하는 코치로서 디베이트 프로그램을 설계할 때 필요한 내용을 알아보자.

디베이트를 지도하는 코치의 자세

디베이트 코치는 디베이트 프로그램에서 가장 중요한 역할을 하는 사람이다. 간단히 말해, 어떤 디베이트 코치가 지도하느냐에 따라 그 팀의 역량이 좌우된다고 봐도 좋다. 우리나라 축구를 월드컵 4강전에 올려놓은 히딩크 코치를 생각해 보라. 베트남 축구를 동남아 선두에 서게 한 박항서 코치를 생각해 보라. 같은 팀인데도 어떤 코치가 지도하느냐에 따라 결과는 전혀 다르게 나온다.

디베이트 코치가 지녀야 할 바람직한 소양과 자질은 무엇인지 살펴보자. 한마디로 표현한다면, '인내심을 갖고, 학생들보다 반 걸음만 앞서서, 칭찬과 격려로 지도한다.'라고 이야기하고 싶다.

첫째, 인내심을 가져야 한다.

학생들의 성장 속도는 각각 다르다. 그런데 디베이트 코치가 자신을 기준으로 평가한다면 학생들은 좌절할 가능성이 있다. 이때 코치에게는 인내심 있게 학생의 성장을 기다려 주는 자세가 필요하다. 교육자에게 가장 필요한 덕목은 인내심이라는 점을 명심해야 한다. 특히 우리나라에서는 학년이 올라갈수록 학생이 자기 목소리를 내기가 쉽지 않다. 이럴 때 디베이트 코치가 성급하게 대신 말하거나 부족한 점을 지적하면 더 힘들어한다. 학생이 입을 열 때까지 애정 어린 눈으로 지켜보고, 끝까지 기다려 줘야 한다. 이렇게 코치가 인내심 있게 기다려 주면 학생들은 오히려 더욱 빠르게 성장한다.

둘째, 학생들보다 반 걸음만 앞서서 움직여야 한다.

코치가 의욕에 넘쳐 목표를 높이 세우고 일방적으로 진행해 나가면 학생들이 따라가느라 힘겨워한다. 반대로 코치가 학생들보다 뒤처지면 학생들이 하품한다. 그러니 학생들이 따라올 수 있을 만큼만 앞서서 지도해 가야 한다. 코치는 학생들보다 딱 반 걸음만 앞서서 지도해 나가자. 예컨대 에세이를 평가한다고 하자. 이때 학생들이 쓴 글의 수준이 마음에 들지 않는다고 온통 수정해 버리면 학생들이 좌절할 것이다. 학생들이 알아들을 만하게, 한두 가지만 코멘트하는 정도로 하는 것이 가장 효과적이다. 에세이 지도도 반 걸음만 앞서가야 한다. 디베이트에서 학생들의 성장 속도는 눈부시다. 눈에 보일 정도다. 옆에서 잘 격려만 해 줘도 잘 해낸다. 무리하지 말자.

셋째, 칭찬과 격려로 지도해야 한다.

칭찬은 고래도 춤추게 한다지 않는가? 아이들이라고 눈치가 없는 것이 아니다. 자신의 발언이 어떤 반응을 일으키는지 잘 알고 있다. 이때 적어도 디베이트 코치만큼은 학생의 옹호자가 되어 주어야 한다. 그래야 자신감이 생긴다.

지금까지 디베이트 코치가 갖춰야 하는 가장 기본적인 자세를 알아보았다. 이 밖에 디베이트 코치에게 필요한 소양과 자질을 추가로 알아보자.

생각해 봅시다!

학생을 돕는 방법 — 학생 스스로 생각하게 하라!

'학생들에게 생각하도록 맡겨 두면 힘들어할 것'이라고 걱정하는 사람도 있다. 하지만 이는 어른의 기우일 뿐이다. 생각하는 것에 익숙해지는 순간, 학생들은 놀라운 속도로 배워 나간다. 곧, 전문가 부럽지 않게 수필(에세이)을 쓰기 시작한다. 이때까지 제발 기다려 줬으면 좋겠다. 어른들이 할 일은 학생들을 돕는 것이다. 학생들을 대신하는 것이 아니다.

디베이트에서는 학생 스스로 생각이 자라도록 돕는 것을 목표로 한다. 따라서 디베이트에 참여하는 학생들에게는 원자료를 제공한다. 신문 기사, 성명서, 보고서, 책, 백과사전, 포털 사이트의 질의응답 등을 예로 들 수 있다. 이 자료를 읽고 생각하는 것은 학생들의 몫이다. 비록 학생의 생각이 기대에 미치지 못한다고 해서 누군가 대신하는 순간, 학생들의 생각이 자라는 기회는 사라진다. 그래서 디베이트에서는 원자료만 주고 생각은 학생에게 맡긴다.

디베이트 교재를 보면 빈 공간이 많다. 왜냐하면 학생들이 생각할 기회를 주기 위해서이다. 디베이트 교재의 빈 여백은 학생들이 채워 가야 한다. 그 여백을 많이 채울수록 학생 스스로 생각하는 힘이 자란다.

디베이트 코치에게 필요한 소양과 자질

여기에서는 디베이트 코치에게 필요한 소양과 자질을 추가로 알아보자.

첫째, 학생들과 디베이트 프로그램을 진심으로 사랑해야 한다.

학생들은 코치의 마음을 금방 알아차린다. 학생들은 자신이 존중받고 있는지 아닌지를 판단하고, 존중받는다면 바로 적극적인 태도로 나온다. 자신의 이야기를 진지하게 들어 주는 사람에게 무례하게 굴거나 막 대하는 사람은 이 세상에 없다.

둘째, 디베이트의 기본 상식을 알아야 한다.

디베이트의 의미와 형식, 디베이트 수업 형식, 디베이트 프로그램 운영 등을 숙지해야 한다.

셋째, 창의적이고 논리적이어야 한다.

디베이트 코치가 어떤 자세를 갖고 있는지 학생들은 금세 알아차린다. 물론 이런 자세는 금방 생기지 않으므로 꾸준히 노력해야 한다.

넷째, '열린 귀'를 가져야 한다.

쌍방향 커뮤니케이션을 중시하는 디베이트를 지도하면서 다른 사람들이 하는 말에 귀를 닫으면 안 된다. 학부모의 견해, 학생의 견해를 늘 물어보고 그것을 존중하면서 의견이 다를 때에는 슬기롭게 조정해 가야 한다. 소비자가 말이 없다고 마케터가 마음을 놓고 있으면 안 되는 것과 같은 이치다.

다섯째, 문제 발생을 두려워해서는 안 된다.

오히려 문제를 적극 해결하는 과정에서 학생과 학부모의 신뢰를 받을 수 있다. 디베이트하는 사람은 문제 해결도 남다르게 할 수 있어야 한다.

여섯째, '학생 스스로 생각하게 한다'는 원칙을 반드시 지켜야 한다.
어른들이 학생을 대신해서 생각해 주면 학생들의 생각하는 힘이 자랄 수 없기 때문이다.

일곱째, 글을 분석할 줄 알아야 한다.
제시한 글을 요약할 때에는 학생들이 논리 구조를 잘 정리하고 작문 능력도 갖출 수 있도록 지도해야 한다. 이 능력은 에세이를 평가할 때 필요하다.

생각해 봅시다!

디베이트 코칭 팁 10가지

디베이트 코치들이 지도하면서 유의할 점을 정리해 보았다.

코칭 팁 1) 디베이트 수업에서는 먼저 참가자에게 자기소개(ice break)를 하도록 지도하는 것이 좋다. 그리고 이 프로그램에 참가한 이유와 목표가 무엇인지 솔직히 말해 달라고 부탁한다.
→ 이 과정에서 학생들의 마음가짐과 수준을 파악할 수 있다.

코칭 팁 2) 참가자 앞에 이름표를 두고 발언하게 한다.
→ 참가 학생들의 이름을 빨리 외울 수 있다.

코칭 팁 3) 디베이트는 형식이 분명한 토론인 만큼 여러 규칙이 필요하므로 팀을 꾸린 뒤 조금씩 만들어 가는 것이 좋다. 디베이트 수업을 할 때마다 규칙을 다시 한번 확인하도록 한다.
→ 참가 학생들이 규칙의 필요성을 인정하고 받아들인다.

코칭 팁 4   정식 디베이트 대회에서는 경어를 쓰게 하고, 발언할 때는 손을 들게 한다.
　　　　→ 규칙을 지키는 것을 훈련할 수 있고, 클래스의 질서를 유지할 수 있다.

코칭 팁 5   조리 있게, 적절한 제스처로, 눈을 마주 보며, 바른 자세로, 완벽한 문장으로 말할 것을 계속 강조해야 한다.
　　　　→ 손짓, 눈짓, 표정 등 스피치의 비언어적 요소를 훈련할 수 있다.

코칭 팁 6   반박이 나오면 분위기가 급변하므로 자연스럽게 유도한다. 자기 발언에 반박하는 것이니 긴장할 수밖에 없다. 다만, 상대 팀이 반박이 기분 나쁜 지적처럼 반박한다면 바로 주의를 준다.
　　　　→ 학생들끼리 상처를 주고받는 일이 없다.

코칭 팁 7   디베이트 수업을 진행할 때 자주 문제를 일으키는 학생이 있으면, 그 문제 행동 자체를 토론에 부친다.
　　　　→ 문제를 일으킨 학생이 코치뿐 아니라 다른 참가 학생들의 눈치를 보게 되면서 문제 행동을 교정한다.

코칭 팁 8   참가 학생들에게 긍정적인 의미가 있는 별칭을 지어 주는 것도 좋다.
　　　　→ 예를 들어 반박을 잘 하는 학생을 '반박 스페셜리스트'라고 별명을 붙여 주면 이후에 반박 기회가 올 때마다 더 열심히 발언한다.

코칭 팁 9   디베이트할 때마다 반드시 상과 디베이트 헌장, 규칙, 자료를 준비한다. 디베이트 바인더를 만들어 한곳에 보관해 두면 더욱 좋다.
　　　　→ 학생 스스로 주기적으로 성과물을 만들어 낼 수 있다.

코칭 팁 10   학생들이 정규 디베이트 수업 외에 디베이트 캠프나 디베이트 대회, 디베이트 자원봉사 활동에 적극 참여하도록 권한다.
　　　　→ 디베이트 활동이 다양해지면서 학생들이 더욱 흥미를 느낀다.

유능한 디베이트 코치가 되고 싶다면

그렇다면 디베이트 코치는 어떻게 양성하면 좋을까? 디베이트가 정착된 미국에서는 디베이트 경험자들이 성장해서 자연스럽게 디베이트 코치가 되는 선순환 구조가 마련되어 있다. 하지만 현재 우리나라에서 이런 선순환 구조는 여전히 불가능하다. 디베이트 경험자가 그다지 많지 않기 때문이다. 따라서 디베이트를 도입한 초창기에는 코치를 직접 양성해야 한다. 디베이트 코치 양성 과정이 필요한 이유이다.

이 책을 잘 활용한다면 디베이트 코치가 될 수 있다. 여기서 더 나아가 유능한 디베이트 코치가 되고 싶다면 인문학 디베이트에 도전해 보자. 자신의 삶이 바뀌는 것은 물론, 학생들에게 해 주는 강평의 수준이 달라질 것이다.

좀 더 살펴봅시다!

한국디베이트코치 자격시험

2012년 우리나라에 디베이트 코치 자격증이 처음으로 생겼다. 디베이트 코치의 능력을 공식으로 인정받는 것이다.
한국직업능력개발원(현 한국직업능력연구원)은 2012년 5월 14일 "자격기본법 제17조 제2항에 의거해, 한국디베이트코치협회(케빈 리 대표)에서 신청한 한국디베이트코치 자격증 1급, 2급, 3급을 신규 민간 자격으로 등록한다."고 밝혔다.

그림 3-16 한국디베이트코치 자격증

표 3-8 디베이트 지도사 과정

과정	목표	교육 기간
3급 입문	디베이트 기본 개념을 이해하고 효과 체험하기	18시간 (주 1회 6시간 × 3회)
2급 심화	디베이트 수업을 실제로 진행하기	24시간 (주 1회 6시간 × 4회)
1급 전문가	디베이트 프로그램을 기획·집행하고 평가하기 (심판 자격증 겸함)	192시간 (주 1회 4시간 × 48회, 학기당 12차시 × 4학기)

[한국토론대학(www.한국토론대학.org) → 한국토론대학 강좌 신청]에 들어가면 1~3급 디베이트 코치 자격증 과정을 자세히 알 수 있다.

그림 3-17 한국토론대학의 강좌 신청

출처: 한국토론대학 홈페이지(www.한국토론대학.org)

▶ 한국디베이트코치협회는 자격 제도 시행 계획을 한국디베이트신문(www.KoreaDebate.org)에 공고한다.

디베이트 프로그램에서 학부모의 역할

디베이트 수업을 하다 보면 학부모로부터 다양한 질문을 받는다. 그중에 "디베이트하는 자녀를 둔 부모는 무엇을 도와줘야 합니까?"라는 질문이 꼭 빠지지 않는다. 디베이트 프로그램 운영 과정에서 학부모는 어떤 역할을 해야 하는지 알아보자.

디베이트 코치로 활동하다 보면 알겠지만, 똑같은 학년이더라도 학생의 논리 수준은 무척 다르다. 어떤 학생은 바로 따라오고, 어떤 학생은 수업을 몇 번 하고 나서야 어떻게 해야 할지 감을 잡아 나간다. 이 차이는 그동안의 학습 방법에서 비롯했을 것이다.

어떤 부모는 눈높이를 아이에게 맞춘다. 이런 부모는 자녀들이 하는 이야기를 잘 들어 주고 어떤 사안이 있을 때 자신의 생각을 강요하지 않는다. 자녀들의 생각이 자라기를 기다린다. 디베이트 수업에는 이런 부모가 필요하다. 학부모의 태도 차이는 자녀들이 디베이트하는 과정에서도 나타난다.

자녀와 대화하는 부모라면 "오늘 주제는 뭐였니? 네 생각은 뭐였어? 다른 친구들은 뭐라든?"이라고 물어본다. 자녀가 신나서 대답하면 부모는 자신의 의견까지 제시하면서 이야기를 더욱 재미있게 이끌어 간다. 그러면서 자녀를 요모조모 살핀다. 디베이트에 참여하고 나서 자녀가 어떻게 바뀌어 가는지 잘 관찰하는 것이다.

학부모도 디베이트를 실제로 경험해 보는 것을 추천한다. 학부모들이 실제로 디베이트를 경험해 봐야 자녀의 마음을 이해할 수 있을 뿐 아니라 디베이트의 진가를 몸소 체험할 수 있기 때문이다. 디베이트 코치와 자주 상의하여 디베이트 수업이 더욱 잘 이루어지도록 협조하고, 나아가 자녀에게 직접 디베이트 상대가 되어 주는 것도 좋다.

▶ 실제 디베이트를 진행하면서 마주칠 수 있는 문제와 해결 방법이 궁금하다면 02-3절 끝에 있는 〈퍼블릭 포럼 디베이트 Q & A〉를 참고하기 바란다.

디베이트 프로그램을 운영할 때 어려운 점 4가지

지금까지 디베이트의 교육 효과가 어떠한지 알아보았다. 디베이트는 교육에서 종합 예술이라 할 수 있다. 그러므로 다른 모든 공부에 앞서 디베이트를 챙겨야 한다. 하지만 디베이트 프로그램을 운영하는 것은 생각보다 쉽지 않다. 어떤 어려움이 발생하는지, 또한 어떻게 해결하면 좋은지 소개한다.

첫째, 학부모, 선생님, 학생을 설득해야 한다.

우리나라의 교육 풍토에서 성장한 사람일수록 설득하기 어렵다. 성장 과정에서 디베이트를 경험해 보지 못했기 때문이다. 어떤 분에게는 디베이트가 '웅변 학원을 다니자'라는 이야기처럼 들릴 수도 있다. 그러니 자녀의 학업과 특별 활동을 설계하는 단계에서 디베이트는 뒤로 밀릴 수밖에 없다. 당장 해야 할 공부가 산더미 같은데 '비교과 과정'인 디베이트를 선뜻 선택하기란 쉽지 않다.

디베이트의 성과가 바로 수치로 계량해서 나타내기 힘들다는 점도 문제다. 다른 학과목은 '점수'로 쉽게 표현된다. 예를 들어 "3개월 동안 수학 학원을 다녔더니 성적이 70점에서 90점으로 올랐다."는 식으로 구체적인 결과물이 있으면 좋으련만, 디베이트에는 그런 게 없다. 그렇지만 "듣는 태도가 좋아졌어요.", "이제는 말을 조리 있게 하려고 애를 써요.", "요즘엔 뉴스를 관심 있게 보던데요?", "생각이 깊어졌어요.", "디베이트를 하더니 학생회장이 되었어요."라는 성과로 제시된다.

디베이트를 처음 접하는 사람에게는 성과물이 막연하게 느껴질 수 있다. 디베이트의 성과물을 수치로 구현하기가 쉽지 않다는 데 디베이트 활동의 어려움이 있다. 그렇다면 학부모를 어떻게 설득해야 할까? '학부모 초청 디베이트 설명회'를 하는 것이 가장 좋은 방법이다.

둘째, 디베이트 주제를 잘 선정해야 한다.

디베이트를 매주 한다면 한 달에 주제가 4가지 이상 필요하다. 이때 주제는 학생 수준에 맞아야 하고 최신이어야 학생들이 공감한다.

예를 들어 5년 전 주제로 디베이트를 한다면 맥이 풀릴 것이다. 바로 어제, 지난달, 작년에 일어났던 일로 해야 훨씬 실감이 난다. 디베이트 주제를 이미 많이 갖고 있더라도 늘 업데이트해야 하는 까닭이다.

디베이트 주제를 뽑으려면 시간도 많이 걸린다. 정성을 기울여야 논점이 정확하게 전달되는 주제가 나온다. 주제 선정은 디베이트 전문가에게도 쉽지 않은 과제이다. 디베이트 주제는 매주 콘텐츠를 생산해야 한다는 것과 이를 만드는 데 시간과 노력이 매우 필요하다는 부담감으로 다가올 수 있다.

현직 교사에게는 더 큰 문제다. 선생님들로서는 '교과 연계형 디베이트 주제'를 만드는 것 그 자체가 과제이다. 교육 관련 외에 다양한 업무에 시달리면서 디베이트 주제를 별도로 만들어서 수업을 진행한다는 것은 쉽지 않기 때문이다.

결국 이 문제는 두 가지 차원으로 해결해야 한다. 하나는 공교육 부문에서 교육부가 디베이트 주제를 만들어 공급해야 한다. 그래야 교육 현장에서 교사들이 따라서 또는 참고해서 수업을 진행할 수 있을 것이다. 나머지 하나는 민간 교육 부문에서 디베이트 주제를 만들어 공급하는 곳이 나타나야 한다(한국토론대학은 자체 디베이트 교재를 만들어 공급한다.).

▶ 디베이트 주제가 궁금하다면 01-2절과 02-1절을 참고하기 바란다.

그림 3-18 한국토론대학에서 사용하는 디베이트 교재

출처: 한국토론대학(www.한국토론대학.org)

셋째, 능력 있는 디베이트 코치를 양성해야 한다.

디베이트 코치는 다양한 지식과 상식을 갖추어야 한다. 또한 디베이트 형식을 잘 이해해서 어떤 형식이 학생들을 효과적으로 지도할 수 있는지 잘 알아야 한다. 디베이트 채점 방식과 대회 조직 방법도 파악해야 한다. 한마디로 말해 디베이트 코치는 따로 교육을 받아야 한다.

다행히 지금 우리나라에는 디베이트 코치가 1만 명 정도 양성되어 있다. 디베이트 코치 입문 과정, 심화 과정, 토론 전문가 과정으로 이루어진 코치 양성 프로그램 가운데 최소한 입문 과정을 거친 분들이다.

넷째, 디베이트 참가자는 5~6명으로 구성하는 게 좋다.

디베이트는 상대 팀이 있어야 할 수 있는 프로그램이다. 그러자면 참가자는 최소한 4명이 필요한데, 가끔 결석하는 학생도 있으니 5~6명으로 팀을 구성하는 게 가장 바람직하다. 아무리 많아도 8명을 초과하면 디베이트를 하기가 힘들어진다.

게다가 참가 학생들의 수준이나 학년이 비슷해야 좋다. 특히 우리나라 학생들처럼 바쁜 사람들은 대상으로 디베이트 팀을 조직하기란 쉽지 않다.

학생이 많을 때 가장 좋은 방법은 공교육에서 학교 수업이나 '방과 후 디베이트 학교', 또는 '토요 디베이트 학교'를 운영하는 것이다. 학교에서는 다른 곳보다 상대적으로 학생들을 쉽게 조직할 수 있기 때문이다.

좀 더 살펴봅시다!

디베이트 수업으로 훈련해서 대회를 준비해요!

디베이트 수업 형식이란 디베이트 수업을 구체적으로 어떻게 진행할 것인가를 나타낸 것이다. 예를 들어 디베이트 수업을 매주 3시간 한다면 어떤 코너로, 어떤 순서로 진행할 것인지를 정하는 것이다. 이후 디베이트 대회를 준비하기도 한다.

디베이트 형식과 달리 디베이트 수업에서는 코치가 시간을 운영하는 방식 등을 임의로 바꿀 수 있다. 예를 들어 디베이트 클럽을 구성해 매주 한 번 2시간씩 운영한다면 퍼블릭 포럼 디베이트는 41분이면 끝나므로, 나머지 79분을 보내는 순서와 방법을 디베이트 코치가 임으로 정할 수 있다. 축구 연습을 할 때 감독이 연습 방법을 임의로 바꾸는 것과 비슷하다.

그림 3-19 디베이트 수업을 진행하는 모습

디베이트 수업 형식을 정할 때에는 우선 한 주제를 다루는 기간을 고려해야 한다. 1주일에 주제 하나를 다루는 1주일 수업 형식, 2주일에 한 번씩 주제를 바꾸는 2주일 수업 형식이 있다.

표 3-9 디베이트 수업 형식의 종류

구분	설명
1주일 수업 형식	• 1주일마다 주제 제시 • 디베이트 경험이 많은 학생용
2주일 수업 형식	• 2주일에 한 번씩 주제 제시 • 디베이트 초보자용

▶ 디베이트 수업 형식 예시는 〈특별 부록 02〉를 참고하기 바란다.

디베이트 프로그램을 설계할 때 실무 문제 해결하기

미국은 디베이트에 관한 한 선순환 구조를 갖고 있다. 그러니까 학창 시절에 디베이를 열심히 즐겼던 학생들이 나중에 디베이트 코치가 되는 구조 말이다. 그리고 이미 다양하게 개발된 디베이트 주제도 지속적으로 공급되고 있다. 디베이트 전국 조직에서 이벤트를 지원하기도 한다.

그림 3-20 미국 내셔널 스피치 & 디베이트 협회(NSDA)

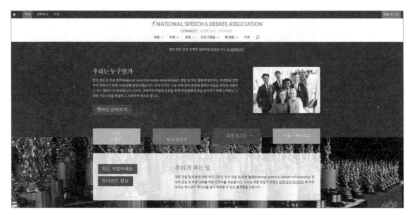

출처: 미국 NSDA 홈페이지(www.speechanddebate.org)

하지만 우리나라는 현재 디베이트 문화를 만들어나가야 하는 단계이므로 뜻이 있는 사람들이 서로 협력해서 문제를 하나하나 해결해 나가야 한다. 그래서 여기에서 디베이트 프로그램을 계획할 때 설계하는 방법을 소개한다.

첫째, 디베이트 설명회가 필수이다.

다시 말하지만, 디베이트는 두어 줄의 설명문이나 몇 분간의 소개말로 이해시키기가 힘들다. 디베이트 강사 초청 설명회를 1~2시간 실시하는 것이 필수다. 교장·교감 선생님 같은 학교 관리자나 교사, 학부모에게 디베이트 설명회를 미리 진행해야 한다. 디베이트 설명회의 효과는 걱정할 필요가 없다. 90% 넘게 적극 호응해 주기 때문이다.

둘째, 디베이트 주력군을 양성해야 한다.

간단히 말해 디베이트 코치로 활동할 사람을 대상으로 디베이트 코치 연수를 진행하는 것이다. 한국토론대학에서는 입문 과정 18시간, 심화 과정 24시간, 토론 전문가 과정 192시간 코스를 거쳐 현장에서 디베이트 코치를 할 사람을 선발하고 훈련시킨다. 입문반을 기준으로 한다면 현재 우리나라 디베이트 코치는 1만명 정도 된다.

가족 모두 디베이트 활동에 참여하고 있어요!

김민영 디베이트 전문 코치를 만나 가족 모두 디베이트 활동에 참여하게 된 사연을 들어 보았다.

Q01_ 디베이트에 입문하기 전 경력을 소개해 주신다면?

디베이트를 하기 전 저는 두 가지 일을 했어요. 하나는 독서를 통한 학부모 문화 운동, 다른 하나는 아이들이 책을 통해 세상을 배울 수 있도록 돕는 학습 센터를 운영하는 것이지요.

Q02_ 디베이트에 뛰어든 동기는?

처음엔 책을 읽고 자신이 살고 있는 세상을 이해할 수 있도록 돕는 일로 시작했고, 거기서 더 나아가 아이들이 세상을 알아 가는 일에 더욱 적극적이고 비판적인 사고를 할 수 있도록 돕는 프로그램을 찾았어요. 그것이 바로 디베이트였어요. 우리가 디베이트를 하는 이유는 디베이트 선수를 만드는 게 아니라, 디베이트를 통해 세상을 이해하고 살아갈 수 있는 능력을 갖추기 위함이에요.

Q03_ 디베이트를 배우는 과정에서 느낀 점이 있다면?

디베이트는 학습자의 역량을 강화해 주는 데 초점을 맞춘 방법론이라고 생각해요. 코치의 역할 또한 학습자가 스스로 자신의 역량을 끊임없이 강화해 나갈 수 있도록 돕는 것이라고 생각하고요. 그런 면에서 디베이트는 정말 매력적입니다.

Q04_ 교육 현장에서 실제 디베이트를 지도하면서서 느낀 점은?

아이들이 정말 많이 변한다는 것을 느껴요. 처음에는 주장과 근거를 구분하지도 못할 뿐 아니라 그저 모든 것을 '그럴 수도 있지.' 하고 대수롭지 않게 여기는 아이들도 있어요. 그런데 시간이 지나면서 주제를 다각적으로 검토하고 논리적으로 주장하며, 상대의 주장에 적절하게 반박할 수 있게 돼요. 그 과정을 보면 정말 얼마나 뿌듯한지 몰라요. 아이들의 성격과 관계없이 역량이 자라는 것도 인상적이었어요.

Q05_ 가족이 모두 디베이트를 하는 동기는?

가족은 좋은 것을 나누고 공유해야 하는 거잖아요? 디베이트로 많은 도움을 받은 저로서는 당연히 가족에게 권하고 싶었죠. 처음에는 둘째와 셋째에게 디베이트를 권했고, 나중에는 남편과 첫째에게도 권했어요.

셋째, 학생용 디베이트 프로그램을 기획하고 집행한다.

학생용 디베이트 프로그램이라면 일상적으로 진행되는 디베이트 수업, 방과 후 디베이트 활동, 토요 디베이트 학교와 이벤트로 진행되는 디베이트 캠프 혹은 디베이트 대회 등이 있다.

학교나 기관·단체에서 진행할 때는 예산을 미리 편성하고 공고문을 올려 학생을 모집하는데, 학교에서라면 20~30명은 금방 신청받을 수 있다. 개인을 대상으로 할 때에는 수강료를 받아 운영한다.

지금까지 디베이트 코치로서 디베이트 프로그램을 설계할 때 만날 수 있는 어려운 점과 해결책을 네 가지로 나누어 살펴보았다.

표 3-10 디베이트 프로그램을 설계할 때 어려운 점과 해결책

종류	해결책
학부모, 학생 설득하기	디베이트 강사 초청 설명회를 개최한다.
디베이트 주제 잘 선정하기	전문 기관의 도움을 받는다.
디베이트 코치 양성하기	디베이트 코치를 양성한다.
디베이트 참가자 구성하기	공고문을 내서 희망자를 모집해 한 팀당 5~6명으로 조직한다.
디베이트 기획하기	학생용 디베이트 프로그램을 기획한다. ⑩ 디베이트 수업, 디베이트 활동, 토요 디베이트 학교, 디베이트 캠프, 디베이트 대회 등

특별 부록

한국디베이트코치 자격시험 안내 **3급**

한국디베이트코치 자격시험은 3급, 2급, 1급으로 구분하며, 한국직업능력개발원이 공인하고 한국디베이트코치협회가 시행한다. 249쪽 한국토론대학에서 운영하는 '디베이트 코치 입문 과정'을 참고하면 3급 자격시험을 쉽고 빠르게 준비할 수 있다.

한국디베이트코치 3급 자격시험

- **출제 문제 수**: 총 34문제
- **출제 유형**: 4종

> **유형 1** 객관식 30문제
> (30점)

+

> **유형 2** 서술형 2문제
> (20점)

+

> **유형 3** 실습 입안서 작성
> (주제 3개 중 1개 선택, 25점)

+

> **유형 4** 주제 분석 작성
> (주제 3개 중 1개 선택, 25점)

- **시험 시간**: 70분
- **합격 기준**: 100점 만점에 80점 이상

한국디베이트코치 3급 자격시험

유형 1 객관식 30문제(문제당 1점) 중 맛보기 5문제

1. 디베이트에서 찬성과 반대로 나눌 수 있는 주제로 토론하는 이유는?
   ① 토론 참가자의 기량 비교를 쉽게 하기 위해
   ② 논쟁을 유도하기 위해
   ③ 발언 순서와 시간을 쉽게 정하기 위해
   ④ 공정하게 진행하기 위해

2. 다음 중 디베이트와 관련 없는 것은?
   ① 찬성과 반대로 나눌 수 있는 주제로 토론한다.
   ② 토론의 한 종류이다.
   ③ 흑백 논리를 키우는 데 도움을 준다.
   ④ 발언 순서와 시간이 사전에 정해져 있다.

3. 다음 중 교육에서 토론이 갖는 위상을 가장 정확하게 표현한 것은?
   ① 발표력 증대를 위해 토론 교육이 필요하다.
   ② 글쓰기 공부를 위해 토론 교육이 필요하다.
   ③ 토론 교육은 방과 후 활동으로 적합하다.
   ④ 모든 교육의 중심에 토론 교육이 위치해야 한다.

4. 퍼블릭 포럼 디베이트를 할 때 입안 발언을 하는 토론자가 맡는 순서는?
   ① 반박
   ② 요약
   ③ 마지막 초점
   ④ 결론

5. 다음 중 퍼블릭 포럼 디베이트와 관련 없는 것은?
   ① 교차 질의는 연단에 서서 한다.
   ② 준비 시간을 이용할 경우 감점한다.
   ③ 반대 팀도 먼저 발언할 수 있다.
   ④ 찬반 또는 발언 선후는 동전 던지기로 정한다.

▶ 정답 예시: 238쪽

유형 2   서술형 2문제(문제당 10점) 예시

1. 퍼블릭 포럼 디베이트 순서 중 반박과 교차 질의는 어떤 차이점이 있는지 구분해서 작성하시오.

2. 디베이트 코치가 강평할 때 가져야 할 가장 중요한 자세가 무엇인지 작성하시오.

▶ 정답 예시: 238쪽

유형 3   실습 입안서 작성 문제(25점) 예시

※ 다음 제시한 주제 3개 중에서 1개를 골라 찬성 측과 반대 측을 선택한 후, 그 입장
에 맞게 입안서를 작성하시오.

- **주제 1**: 학원 운영 시간에 제한을 두어야 한다.
- **주제 2**: 과학 과목이 영어 과목보다 중요하다.
- **주제 3**: 초등학교 선생님의 성비가 비슷해야 한다.

▶ 정답 예시: 238쪽

유형 4 　주제 분석 작성 문제(25점) 예시

※ 다음 제시한 주제 3개 중에서 1개를 골라 주제 분석을 하시오.

> • **주제 1**: 디베이트 수업을 초중고에 도입해야 한다.
> • **주제 2**: 모든 학생은 교복을 입어야 한다.
> • **주제 3**: 초등학교 교과서에서 한자를 같이 써야 한다.

▶ 정답 예시: 238쪽

정답, 정답 예시 및 힌트

유형 1 | 객관식 문제(234쪽)

[정답]

1. ① 2. ③ 3. ④ 4. ②
5. ② ※ 준비 시간을 다 써도 감점하지 않는다.

유형 2 | 서술형 문제(235쪽)

[힌트]

1. 본문 02-2절(106~124쪽)을 참고해 보자.
2. 정답에는 반드시 '칭찬'과 '격려'를 포함해야 한다.

[정답 예시]

1. ① 시간이 다르다. 반박은 4분, 교차 질의는 3분.
   ② 목적이 다르다.
      반박은 반박하기 위해, 교차 질의는 확인과 반박하기 위해 한다.
   ③ 진행 방법이 다르다.
      반박은 연단에 혼자 서서 하고,
      교차 질의는 연단에 둘이 서서 질의응답한다.
2. 디베이트를 마친 후 코치가 강평할 때에는 '칭찬'과 '격려' 위주로 해야 한다.

유형 3 | 실습 입안서 작성 문제(236쪽)

[힌트]

1. 본문 02-2절(98~106쪽)을 참고해 보자.
2. 입안서 양식에 맞게 작성하는 것이 중요하다.

유형 4 | 주제 분석 작성 문제(237쪽)

[힌트]

1. 본문 03-1절과 03-2절(177~205쪽)을 참고해 보자.
2. 주제 분석에서는 1단계인 비슷한 주제와 비교해서 '핵심어 찾아내기', 2 단계인 핵심어를 바꿔 보는 과정에서 '쟁점 찾아내기', 3단계인 '쟁점별 찬반 입장 생각해 보기' 내용을 반드시 포함해야 한다.

부록 02 디베이트 수업 형식(예시)

디베이트 수업 형식(debate class format)은 디베이트 수업을 할 때 시간을 운영하는 방식과 관계가 있다. 매주 한 번씩 만나 2시간(120분) 씩 디베이트 수업을 한다면 퍼블릭 포럼 디베이트는 41분이면 끝난다.

그러므로 나머지 79분을 보내는 순서와 방법을 정해 놓는 것이 디베이트 수업 형식이며 이는 디베이트 코치가 임의로 바꿀 수 있다.

수업 형식을 정할 때 우선 고려해야 하는 것은 한 주제를 다루는 기간이다. 우리나라에서는 주제 하나를 일주일 또는 격주 단위로 다루는 것을 선호한다. 그래서 여기에서는 필자가 학생들과 디베이트 수업을 할 때 사용한 1주일과 2주일 단위 수업 형식을 소개한다.

이 형식은 고정된 것이 아니다. 효과를 높이기 위해 디베이트 코치가 언제든지 조금씩 바꿀 수 있으며, 학생들의 조건과 상황에 따라 시간을 조절할 수도 있다. 1주일 단위는 디베이트 경험이 많고 열심히 활동한 학생용이고, 2주일 단위는 디베이트 입문자용이다. 순서를 자세히 살펴보자.

1. 1주일 단위 디베이트 수업 형식 — 유경험자용

순서	시간	참고
디베이트 주제 제공		1주일 전
디베이트 헌장 및 규칙 읽기	5분	전체 돌아가면서
지난주 내게 가장 의미 있었던 일은?	5분	2명
논리의 오류를 찾아라	5분	
주제의 배경 설명	5분	디베이트 코치
자료 요약 및 질의응답	10분	전체 돌아가면서
더 생각해 볼 점	20분	전체 돌아가면서
분반 활동	20분	팀별 활동
디베이트 실제	41분	
강평 및 시상(에세이 숙제)	9분	디베이트 코치
악수		헤어질 때
합계	**총 2시간**	

2. 2주일 단위 디베이트 수업 형식 — 입문자용

첫째 날

순서	시간	참고
디베이트 주제 제공		1주일 전
디베이트 헌장 및 규칙 읽기	5분	전체 돌아가면서
지난주 내게 가장 의미 있었던 일은?	15분	모두
논리의 오류를 찾아라	15분	
주제의 배경 설명	10분	디베이트 코치
자료 요약 및 질의응답	20분	전체 돌아가면서
더 생각해 볼 점	30분	전체 돌아가면서
찬성과 반대별 포인트 정리	25분	
합계	**총 2시간**	

둘째 날

순서	시간	참고
디베이트 헌장 및 규칙 읽기	5분	전체 돌아가면서
지난주 내게 가장 의미 있었던 일은?	15분	모두
논리의 오류를 찾아라	15분	
분반 활동	30분	팀별 활동
디베이트 실제	41분	
강평 및 시상(에세이 숙제)	14분	디베이트 코치
악수		헤어질 때
합계	**총 2시간**	

3. 디베이트 수업 평가표 예

디베이트 수업 평가표

코치 이름 _____ 날짜 20____. ____. ____.

디베이트 주제 _____

먼저 발언 팀(찬성/반대)	나중 발언 팀(찬성/반대)
참가 학생 1 이름 _____	참가 학생 3 이름 _____
참가 학생 2 이름 _____	참가 학생 4 이름 _____
태도 _____	태도 _____
팀워크 _____	팀워크 _____
디베이트 형식 _____	디베이트 형식 _____
디베이트 전략 _____	디베이트 전략 _____
스피치 _____	스피치 _____

• 5점: 아주 뛰어남 • 3점: 보통 • 1점: 기준 이하

팀 점수 합계 _____ 팀 점수 합계 _____

코치의 강평	코치의 강평
•	•
•	•
•	•
•	•

부록 03 72가지 디베이트 용어 사전

이 책을 읽으면서 필요할 때 찾아보면 좋을 디베이트 필수 용어 72가지를 소개한다. 퍼블릭 포럼 디베이트뿐 아니라 모든 디베이트에서 사용하는 용어를 모았다.

- **가치 기준**(value criterion): 링컨 더글라스 디베이트에서 가치 전제를 실현하는 기준.

- **가치 전제**(value premise): 링컨 더글라스 디베이트에서 자신의 입장을 증명하기 위해 먼저 내거는 가치.

- **가치 주제**: 디베이트 주제 분류의 하나. 무엇이 무엇보다 낫다, 또는 무엇은 정당하다 옳다, 또는 어떤 사안에 대한 평가의 뜻을 갖는 형태의 주제를 가리킨다. 심판과 청중은 디베이트의 결과로 '찬성 팀 또는 반대 팀의 판단에 동의한다.' 는 반응을 보인다.

- **고전적 토론**: 교차 조사가 도입되기 전에 하던 디베이트의 한 종류. 입론 부분에서는 찬-반-찬-반의 순서로, 반박 부분에서는 반-찬-반-찬의 순서로 진행한다.

- **교차 조사**(cross examination): 디베이트 입안 이후 상대 팀이 짧은 질문을 통해 발언 내용과 반박을 하는 것. 교차 질의와 달리 질문자와 답변자가 구별되어 있다.

- **교차 질의**(crossfire): 퍼블릭 포럼 디베이트에서 입안 또는 반박을 맡은 사람끼리 서로 짧은 질문을 통해 발언 내용을 확인하고 반박을 하는 것. 교차 조사와 달리 서로 질문하고 답할 수 있다.

- **교차 질의 디베이트**(crossfire debate): 퍼블릭 포럼 디베이트를 가리킨다.

- **그레이스 타임**(grace time): 디베이트에서 허용된 시간을 넘길 경우 용인되는 시간을 가리키며, grace period라고도 한다.

242

- **네거티브 팀**(negative team): 디베이트에서 부정 또는 반대 팀을 가리킨다.

- **드레스 코드**(dress cord): 복장 규정을 말하며, 디베이트 대회에 따라 특별한 복장을 요구하는 때가 있다.

- **디베이트**(debate): 찬성과 반대로 나누어 발언 순서와 시간을 사전에 정해서 하는 형식적 제약이 큰 토론 방식.

- **디베이트 코치**: 디베이트를 지도하는 사람.

- **디베이트 형식**(debate format): 디베이트의 구체적인 방법, 종류에 링컨 더글라스 디베이트, 의회식 디베이트, 팔리시 디베이트, 퍼블릭 포럼 디베이트 등이 있다.

- **레졸루션**(resolution): 디베이트 주제를 가리키며 결의안을 뜻한다.

- **리버탈**(rebuttal): 반박.

- **리졸브드**(resolved): 디베이트 주제를 가리키며 의결, 결의를 뜻한다.

- **리퓨트**(refute): 반박하다.

- **링컨 더글라스 디베이트**(Lincoln-Douglas debate): 줄여서 LD 디베이트라고도 하며 가치 디베이트(value debate)란 별명도 있다. 1858년 미국 일리노이주에서 열린 링컨과 더글라스의 상원 의원 선거를 모델로 만들어진 1:1 디베이트 형식이다. 미국에서는 두 달에 한번씩 주제가 부여된다.

- **모션**(motion): 디베이트 주제를 가리킨다.

- **미국 의회식 디베이트**(congress debate): 미국 의회에 제출된 법안을 대하는 자세로 주어진 주제를 조사하여 찬성과 반대의 입장을 개진하는 디베이트이다. NFL에서 1938년부터 다뤄 왔는데, 최근 10~20년 사이에 고등학생 디베이트로 확산되었다. 학생 의회 디베이트(student congress debate), 입법 디베이트(legislative debate)라고도 한다.

- **반박**(rebuttal or refutation): 상대방의 주장에 반대하는 디베이트의 한 순서. ① 상대방 주장이 사실이 아니라고 반박하는 방법, ② 상대방 주장이 맞되, 중요하지 않다고 반박하는 방법이 있다. ①의 경우에는 'ⓐ 사실이 아니다, ⓑ 늘 사실인 것은 아니다(예외가 있다), ⓒ 반드시 사실인 것만은 아니다' 라고 접근한다. ②의 경우에는 'ⓐ 사실이지만 관련이 없다, ⓑ 사실이지만 중요하지 않다, ⓒ 사실이지만 쉽게 해결될 수 있다' 라고 접근한다.

- **브리프**(brief): 주장의 아웃라인(case의 outline).

- **사실 주제**: 디베이트 주제 분류의 하나로, 주어진 명제가 사실인지 여부를 토론한다. 학생 디베이트에서는 거의 사용하지 않으며 주로 법정에서 쓰는 용어이다.

- **사인포스트**(signpost): 도로의 이정표 또는 주장의 방향을 가리킨다. 디베이트에서 각 이유의 핵심 어휘를 뜻한다.

- **사일런트 라운드**(silent round): 심판이 디베이트 승패를 알려 주지 않는 라운드.

- **서포트**(support): 어떤 주장(opinion)에 대한 이유(reason)를 뒷받침해 주는 증거를 말하며 설명, 예, 통계, 전문가의 견해 등이 있다.

- **세다**(CEDA): 미국에서 가장 큰 대학생 디베이트 조직으로 1971년에 사우스웨스트 교차 조사 디베이트 협회(Southwest Cross Examination Debate Association)로 출발했다. 폴리시 디베이트(policy debate)를 진행하고 있으며 교차 조사(cross examination)를 적용했다.

- **수업 형식**(class format): 디베이트 수업(클래스)을 진행할 때 시간을 운영하는 방법과 순서를 정한 형식. 디베이트 코치의 재량에 따라 달라질 수 있다.

- **심판**(judge): 디베이트 승패를 결정하는 사람.

- **아규먼트**(argument): (주장의) 논거를 말하며 증거를 들어 뒷받침한다.

- **어퍼머티브 팀**(affirmative team): 디베이트에서 긍정 또는 찬성 팀을 가리킨다.

- 엑스템포레이니어스 스피킹(Extemporaneous Speaking): 미국 NFL에서 진행하는 스피치 대회의 한 종목으로, 즉흥 연설로 진행한다.

- 엔디티(NDT, National Debate Tournament): 미국에서 가장 오래된 대학생 디베이트 조직으로 폴리시(policy debate)를 채택하고 있다. 미국 육군사관학교에서 1947년 시작했는데, 1967년부터는 다른 대학에서도 대회장을 옮겨 열리고 있다.

- 엔에프엘(NFL, National Forensic League): 미국에서 학생들의 디베이트, 스피치 활동을 격려하고 리드하는 비영리 교육 기관으로, 1925년부터 활동을 시작했다. 이후 NSDA(National Speech and Debate Association)로 이름을 바꾸었다.

- 오레곤 디베이트(Oregon debate): 교차 조사가 추가된 디베이트. 대학생은 주로 입안(10분) - 교차 조사(3분) - 반박(5분) 형태로, 고등학생은 주로 입안(8분) - 교차 조사(3분) - 반박(5분)의 형태로 진행한다.

- 옥스퍼드 디베이트(Oxford debate): 교차 조사가 없는 고전식 디베이트. 대학생은 주로 입안(10분) - 반박(5분) 형태로, 고등학생은 주로 입안(8분) - 반박(4분)의 형태로 진행한다.

- 워런트(warrant): 주장이 맞다고 제시하는 이유.

- 유니버시티 스타일 디베이트(university style debate): 미국 대학에서 이뤄지는 디베이트로, 주로 폴리시 디베이트를 가리킨다.

- 의회식 디베이트(parliamentary debate): 영국 의회를 모델로 해서 만든 디베이트 형식.

- 임프람프투(impromptu): 의회식 디베이트 대회가 열리는 현장에서 공개하는 주제

- 전체 교차 질의(grand crossfire): 퍼블릭 포럼 디베이트에서 요약 이후 디베이트 참가자들끼리 짧은 질문을 통해 발언 내용을 서로 확인하고 반박을 하는 순서.

- 정책 주제: 디베이트 주제 분류의 하나로, 정부나 단체의 정책에 관해 토론한다. 미래에 무슨 일이 행해져야 한다는 내용을 담고 있다. 심판과 청중은 디베이트의 결

과로 "어떤 일이 행해져야 한다." 또는 "그 일이 행해져서는 안 된다." 등의 반응을 보인다.

- **준비 시간**(prep time): 디베이트를 하는 도중에 발언 준비를 위해 이용할 수 있는 시간.

- **직파식 토론**(direct clash debate): 1900년대 초반 미국 대학가에서 진행하던 디베이트 형식. 쟁점(clash)별로 디베이트를 진행하는 것이 특징이며 실제 진행 방법은 다양하다.

- **채점표**(ballot): 디베이트 승패를 판정하는 기준을 적은 표.

- **채점표 지시문**(해설문): 디베이트 승패를 판정하는 채점표의 자세한 기준을 적은 표.

- **컨스트럭티브**(constructive): 디베이트에서는 입안, 입론을 가리킨다.

- **컨트로버시**(controversy): 논박.

- **컨텐션**(contention): 디베이트에서 자신의 입장을 지지하는 각각의 주장을 가리킨다.

- **케이스**(case): 찬성 또는 반대 주장을 할 때 필요한 모든 증거의 집합체.

- **콤보 클래스**(combo class): 콤비네이션 클래스(combinations class)의 줄임말로, 학년이 다른 학생들을 한 반으로 운영하는 것을 뜻한다. 우리나라에서는 무학년 수업이라고 한다. 디베이트에서도 1학년 차이가 나는 학생들을 같은 팀으로 묶으면 좋다.

- **콩그레스 디베이트**(congress debate): 미국 의회식 디베이트로 학생 의회 디베이트(student congress debate)라고도 한다. 미국 의회에서 법안이나 결의안 제정 과정을 모델로 한다.

- **큐 카드**(cue card): 디베이트할 때 쓰는 메모 용지.

- 크로스 이그제미네이션(cross examination): 원래는 법정 용어이며 교호 신문이라고 번역한다. 법정에 출석한 증인에게 검사 측과 변호사 측이 번갈아 가면서 질문하는 것을 가리킨다. 디베이트에서는 입안 이후 상대 팀이 짧은 질문을 통해 발언 내용과 반박을 하는 것을 말한다. 교차 질의와 달리 질문자와 답변자가 구별되어 있다.

- 크로스파이어(crossfire): 1982년부터 2005년까지 미국 CNN에서 진행한 텔레비전 토론 프로그램. 그 당시 사회 관련 주제를 놓고 입장이 서로 다른 두 사람이 나와 30분 정도 토론을 전개했다. 2002년 이 프로그램에서 영감을 받아 새로운 디베이트 형식인 퍼블릭 포럼 디베이트가 고안되었다.

- 클래시(clash): 쟁점, 곧 주장이 서로 충돌하여 이뤄지는 대립점을 말한다.

- 클레임(claim): 주장.

- 태그라인(tagline): 디베이트에서 주장을 할 줄로 요약한 것.

- 토픽(topic): 디베이트 주제.

- 퍼블릭 포럼 디베이트(public forum dabate): 2002년 미국에서 초중고 저학년 학생들을 위해 만든 디베이트 형식.

- 퍼셰이시브 스피킹(Persuasive Speaking): 미국의 스피치 대회의 한 종목. 주어진 주제에 대해 누가 설득력 있게 말하는지 경쟁한다.

- 포인트 오브 오더(points of order): 의회식 디베이트에서 특별한 순서인 '의사 진행 발언'을 뜻한다. 토론 진행 과정에서 규칙 위반이 발생했을 때 활용한다. 이 시간은 상대 팀 발언 시간에 포함되지 않으며 사회자의 허가를 얻어야 사용할 수 있다.

- 포인트 오브 인포메이션(point of information): 의회식 디베이트에서 특별한 순서인 '보충 질의'를 뜻한다. 다른 디베이트에서의 교차 조사 기능을 대신한다. 상대 팀이 입안 순서를 진행하는 중에 가능한데, 발언을 시작한 지 1분 이내, 그리고 발언을 종료하기 직전 1분 이후에는 할 수 없다. 이 시간은 상대 팀 발언 시간에 포함되며 상대 팀 발언자의 허가를 얻어야 한다. 보충 질의 할 때 상대 팀 발언자가

그만하라고 요청하면 바로 그만두어야 한다.

- **포인트 오브 퍼스널 프리빌리지**(points of personal privilege): 의회식 디베이트에서 특별한 순서인 '개인 신상 발언'을 뜻한다. 토론 진행 과정에서 명예가 훼손되었을 때 등의 경우에 사용한다. 이 시간은 상대 팀의 발언 시간에 포함되지 않으며 사회자의 허가를 얻어야 한다.

- **폴리시 디베이트**(policy debate): 미국 연방 정부의 정책 결정 과정을 상정한 디베이트 형식으로, 정책 디베이트라고도 한다.

- **프라이머 페이샤 케이스**(prima facie case): 증거가 확실한 주장. 폴리시 디베이트에서 사용한다.

- **프로포지션**(proposition): 디베이트의 주제를 말하며 명제, 법률 개정안을 뜻한다.

- **프리페어드**(prepared): 의회식 디베이트에서 사전에 공개된 주제로 디베이트하는 것을 가리킨다.

- **플라이트**(flight): 날아가는 새 떼를 뜻하는데, 디베이트에서는 대회에서 조별 편성을 가리킨다. 대개 두 조를 한 라운드로 묶는데 여기에서 더블플라이트(double-flighted)라는 말이 나왔다.

- **플로 차트**(flow chart): 디베이트의 진행 흐름을 적은 노트.

- **플로어**(floor): 의회에서 토론자가 앉는 자리 또는 토론 참가자를 뜻한다.

- **하우스**(House): 의회를 뜻하며, 의회식 디베이트에서는 각 팀을 가리키기도 한다.

디베이트 관련 기관

한국디베이트코치 3급을 준비하는 분들을 위해 도움받을 수 있는 기관을 소개한다. 디베이트 코치 입문 및 심화 과정과 각종 인문학 디베이트 프로그램 등을 운영하는 한국토론대학, 한국디베이트코치 자격시험을 시행하고 전국 초중고 학생 디베이트 대회를 개최하는 한국디베이트코치협회, 그리고 청소년을 위한 청소년토론스쿨이 있다.

1. 한국토론대학(www.한국토론대학.org)

한국토론대학에서는 디베이트 연수, 디베이트 캠프, 디베이트 대회, 디베이트 수업(클래스)뿐 아니라 디베이트 교재를 출판하는 등 대한민국 디베이트를 선도해 왔다. 한국토론대학의 주요 콘텐츠는 '토론 전문가 과정(1년)'과 '인문학 100권 디베이트 과정(3년 정도)'이다.

또한 디베이트 코치 자격증을 준비하는 분들을 위해 입문(3급), 심화 과정(2급)과 토론 전문가 과정(1급)을 운영하므로 한국디베이트코치 자격시험에 대비할 수 있다.

① 디베이트 코치 입문 과정 — 3급 자격증 준비 과정

과정 내용	• 과정명: 한국토론대학 디베이트 코치 입문 과정 (한국디베이트코치 3급 자격시험 연계 과정) • 교육 장소: 시·도 교육청, 학교, 지자체 또는 민간 시설 • 교육 기간: 5차시(총 15~18시간) • 수강 대상: 디베이트 초보자
과정 목표	• 디베이트 교육의 필요성을 이해하고 중요성을 설명할 수 있다. • 디베이트 이론 및 실습 과정을 통해 디베이트 코치에게 필요한 소양을 익힌다. • 퍼블릭 포럼 디베이트 형식을 이해하고, 주제 분석과 인문학 디베이트의 입문 과정을 배운다.
커리 큘럼 예	• 1차시: 디베이트의 개념과 효과 • 2차시: 퍼블릭 포럼 디베이트 실습 I • 3차시: 퍼블릭 포럼 디베이트의 이해 • 4차시: 퍼블릭 포럼 디베이트 실습 II • 5차시: 주제 분석과 인문학 디베이트 입문 ※ 1차시당 4시간

② 디베이트 코치 심화 과정 — 2급 자격증 준비 과정

과정 내용	• 과정명: 한국토론대학 디베이트 코치 심화 과정 　　　　　(한국디베이트코치 2급 자격시험 연계 과정) • 교육 장소: 시·도 교육청, 학교, 지자체 또는 민간 시설 • 교육 기간: 8차시(총 24시간) • 수강 대상: 디베이트 코치 입문 과정을 수료한 분
과정 목표	• 퍼블릭 포럼 디베이트의 각 요소(입안, 반박, 교차질의, 요약, 마지막 초점)별 　심화 학습을 한다. • 디베이트 수업을 운영할 수 있는 기법을 배운다. • 학교 현장, 교육 현장에서 디베이트 코치 또는 심판으로 활동할 수 있도록 한다. • 디베이트 캠프, 디베이트 대회의 운영법을 배운다. • 주제 분석법과 인문학 디베이트를 심화 이해한다. • 다양한 디베이트 형식을 배운다. • 퍼블릭 포럼 디베이트 실습으로 디베이트 기량을 키운다.
커리 큘럼 예	• 1차시: 퍼블릭 포럼 디베이트의 심화 이해 / 주제 분석 심화 이해 • 2차시: 퍼블릭 포럼 디베이트 실습 I • 3차시: 디베이트 클래스 운영 • 4차시: 퍼블릭 포럼 디베이트 실습 II • 5차시: 디베이트 캠프와 디베이트 대회 • 6차시: 퍼블릭 포럼 디베이트 실습 III • 7차시: 다양한 디베이트 형식, 인문학 디베이트 심화 이해 • 8차시: 퍼블릭 포럼 디베이트 실습 IV ※ 1차시당 3시간

③ 토론 전문가 과정 ― 1급 자격증 준비 과정

과정 내용	• 과정명: 한국토론대학 토론 전문가 과정 　　　　(한국디베이트코치 1급 자격시험 연계 과정) • 교육 장소: 시·도 교육청, 학교, 지자체 또는 민간 시설 • 교육 기간: 48차시(총 192시, 약 1년 소요) • 수강 대상: 디베이트 코치 심화 과정을 수료한 분
과정 목표	• 퍼블릭 포럼 디베이트의 각 요소를 완벽하게 이해한다. • 디베이트 수업 운영 기법을 습득하여 수업의 전문성을 향상시킨다. • 다양한 디베이트 형식을 실제로 실습해 본다. • 역사, 사회, 경제, 철학의 인문학 고전 40여 권을 읽고 디베이트 실습을 한다. • 인문학 디베이트 프로그램을 직접 만들어 본다.
커리 큘럼 예	• 1학기(12차시): 역사 테마의 인문학 서적을 읽고 관련 주제로 디베이트 하기, 　퍼블릭 포럼 디베이트 완벽히 이해하기 • 2학기(12차시): 사회 테마의 인문학 서적을 읽고 관련 주제로 디베이트 하기, 　다양한 디베이트 형식 실습하기 • 3학기(12차시): 경제 테마의 인문학 서적을 읽고 관련 주제로 디베이트 하기, 　수업 지도안 실습하기 • 4학기(12차시): 철학 테마의 인문학 서적을 읽고 관련 주제로 디베이트 하기, 　인문학 디베이트 프로그램 만들기 ※ 1차시당 3시간

출처: 한국토론대학 홈페이지(www.한국토론대학.org)

④ 인문학 100권 디베이트 과정

과정 내용	• 과정명: 한국토론대학 인문학 100권 디베이트 과정 • 교육 장소: 시·도 교육청, 학교, 지자체 또는 민간 시설 • 교육 기간: 100차시, 총 300시간(약 2년 소요) • 수강 대상: 디베이트 경험이 있는 분
과정 목표	• 인류가 남긴 100권의 인문학 책을 읽는다. • 관련 주제로 디베이트 실습을 한다.
커리 큘럼 예	• 메소포타미아·이집트 문명 • 헬레니즘 문명 • 헤브라이즘 문명 • 중국 문명 • 인도 문명 • 이슬람 문명 • 서구 문명(경제, 과학, 철학, 사회) • 다가올 새로운 문명 ※ 1차시당 3시간

2. 한국디베이트코치협회(www.KoreaDebate.org)

한국디베이트코치협회는 우리나라 디베이트의 발전을 염원하는 디베이트 코치들이 모인 비영리 단체이다. 그동안 한국디베이트코치 자격증 관리, 기관지 〈한국디베이트 신문〉 발행, 전국 초·중·고등학생 디베이트 대회를 개최해 왔다.

▶ 디베이트 코치는 2023년 현재 전국에 1만여 명이 분포해 있으며, 유사 단체와 구별하기 바란다.

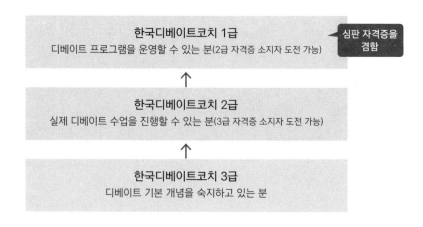

출처: 한국디베이트코치협회 홈페이지(www.KoreaDebate.org)

3. 청소년토론스쿨(www.YouthDevateSchool.org)

한국토론대학의 토론 전문가 과정을 졸업한 대한민국 최고의 디베이트 지도자들이 청소년토론스쿨 프로그램을 비영리로 운영한다. 가정 형편이 어렵더라도 청소년토론스쿨의 취지에 동의하고 의지와 열정만 있다면 누구나 참여할 수 있도록 장학 제도를 마련하고 있다.

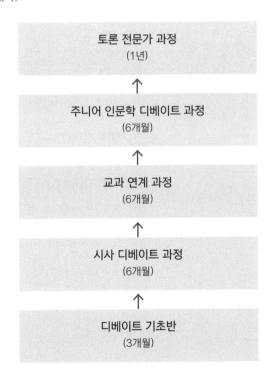

토론 전문가 과정
(1년)

↑

주니어 인문학 디베이트 과정
(6개월)

↑

교과 연계 과정
(6개월)

↑

시사 디베이트 과정
(6개월)

↑

디베이트 기초반
(3개월)

디베이트에서 논리력 폭발!
논리의 부재, 말장난에 통쾌한 반격을 날리는 무기

토론과 대화에서
지지 않는 논리학

"나도 논리적인 사람이 될 수 있을까?"

• 똑똑하게 말하는 법, 이것만 알면 된다!
• 6가지 주장의 오류와 7가지 근거 제시 방법

케빈 리 지음| 18,000원

토론과 대화에서 지지 않는 논리학 미리 보기

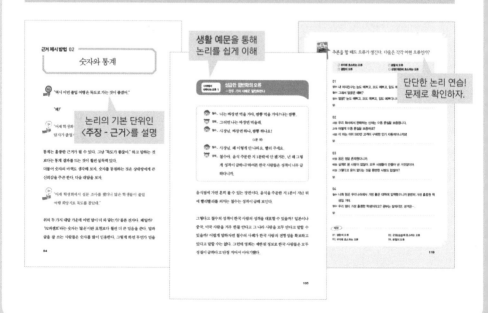